Omnec Onec

W0012823

Handbuch venusischer Spiritualität

Aus dem Amerikanischen von
Gisela Bongart

Omega

Die Deutsche Bibliothek - CIP-Einheitsaufnahme

Onec, Omnec:
Handbuch venusischer Spiritualität / Omnec Onec.
[Einzig berecht. Übers. aus dem Amerikan. von Gisela
Bongart]. - 2. Aufl. - Düsseldorf : Omega-Verl., 2000
ISBN 3-930243-06-7

2. Auflage Dezember 2000

Einzig berechtigte Übersetzung aus dem
Amerikanischen von Gisela Bongart M.A.

Satz- und Covergestaltung: Martin Meier
(Titelbild nach einer Vorlage von Georg Gakopulos)

Druck: KOSSUTH AG, Budapest, Ungarn

Omega®-Verlag, Gisela Bongart & Martin Meier
(GbR)
Krefelder Str. 81, D-40549 Düsseldorf

Inhalt

Danksagung

Dieses Buch ist meinen Verlegern gewidmet sowie vielen Familien und Freunden, die mich in ihre Herzen und Häuser einluden; ebenso allen, die mir bei diesem Buch halfen, indem sie mir ihr Ohr liehen, meinen Ideen lauschten und selbst Ideen beitrugen, auf daß ich die Bedürfnisse aller Wesen besser verstehen möge;
ebenfalls danke ich all jenen höheren Wesen, die Informationen von ihren Ebenen durchgaben; meinem Onkel Odin, der einige Mantras formulierte und dessen Humor mir half.

Vielen Dank all ihr stets wachsenden Familien für eure Unterstützung und Liebe, mit der ihr mir geholfen habt, mich nicht als Fremde in eurer Welt zu fühlen. Ich hoffe, daß diese Information für euch wertvoll ist und dazu beiträgt, ganze, ausgeglichene, starke Seelen zu schaffen, mit einem größerem Verständnis für sich selbst und für all die Wunder und endlosen Möglichkeiten der Schöpfung, von der wir alle ein Teil sind. Möge ich eine Inspiration im Namen meiner venusischen Gefährten und aller großen Wesen sein, die ich repräsentiere.

Amual Abactu Baraka Bashad
(Universelle Liebe und Segen)

Omnec Onec 1997

Einleitung

Das *Handbuch venusischer Spiritualität* basiert auf meinem ersten Buch *Ich kam von der Venus*, das sowohl meine Biographie als auch die Geschichte des Lebens auf den Planeten innerhalb dieses Sonnensystems enthält. Es erklärt auch, warum es auf der Erde so viele verschiedene menschliche Rassen gibt. Ich lebte in der Astraldimension auf dem Planeten Venus, ehe ich einen physischen Körper manifestierte, um 1955 zur Erde zu kommen.

Im meinem vorliegenden zweiten Buch gehe ich detaillierter auf die spirituellen Konzepte der Venusier ein, die auf den Gesetzen der Höchsten Gottheit basieren – dem spirituellen Glauben, der dort bereits existierte, als die Venus noch eine physische Gesellschaft beherbergte.

Ich gebe hier unsere venusischen Vorstellungen über uns selbst im Verhältnis zur Welt um uns herum und zu den anderen existierenden Dimensionen ober- und unterhalb von uns wieder – denn wir möchten gerne alles um uns herum verstehen – und vermittle Ihnen unsere Auffassung von einem jeden lebendigen Wesen vom seelischen Gesichtspunkt aus.

Dieses Handbuch ist ein Führer, der Ihnen nicht nur helfen soll, das Leben und sich selbst besser zu verstehen, sondern auch all die nicht-materiellen Körper innerhalb des physischen Körpers auszugleichen und zu harmonisieren. Schritt für Schritt vermittelt Ihnen dieses Buch, wie man richtig für den physischen, astralen, kausalen, mentalen, ätherischen und den Seelenkörper sorgt. Es enthält Übungen – physische und andere. Es bietet auch Programme an, um Falschinformationen zu ersetzen. Ferner gibt es Ihnen Richtlinien, an denen Sie Ihren Fortschritt erkennen können. Es enthält Mantras für den Morgen, den Nachmittag und die Nacht, ferner Mantras und Meditationen für jede bestehende Dimension.

Außerdem habe ich in diesem Handbuch nie zuvor veröffentlichte venusische Zeremonien aufgeschrieben, die zu veröffentlichen ich die Erlaubnis erhalten habe. Sie können sie ausprobieren und sich daran erfreuen.

Die Informationen, die ich an Sie weitergebe, basieren auf meinen Erfahrungen hier auf der Erde und auf dem, was ich von der Venus mitgebracht habe. Vieles davon basiert auch auf den Bedürfnissen, die ich in meinen Beziehungen hier auf der Erde kennengelernt habe, und besonders auch auf dem, was ich bei Begegnungen mit den Medien und auf Workshops gelernt habe. Auch mein Leben ist für mich als Individuum eine große Lernerfahrung, und was ich lerne, versuche ich mit allen zu teilen.

Seit meinem Eintritt in den physischen Körper habe ich natürlich festgestellt, daß man in dieser materiellen Welt wie in jeder Dimension an Grenzen stößt. Denn auf jeder Seinsebene gibt es spirituelle Gesetze, die das Ausmaß dessen bestimmen, was wir in diesem bestimmten Leben oder in dieser Dimension erfahren oder nicht erfahren können.

Ich versuche also mein Bestes zu geben, innerhalb der Grenzen auf möglichst unbegrenzte Weise zu arbeiten, so daß Sie innerhalb Ihres eigenen individuellen Bewußtseins und innerhalb Ihrer physischen Begrenzungen so viel wie möglich erfahren können.

Als ehemaliges Astralwesen habe ich die folgenden Richtlinien aufgesetzt, um Ihnen zu helfen, das, was auf den folgenden Seiten steht, richtig zu verstehen und in sich aufzunehmen. Zunächst einmal ist Geduld sehr wichtig, da alles Zeit braucht, um sich zu entwickeln. Auch die verschiedenen spirituellen Körper müssen sich auf neue Erfahrungen einstellen. Es ist alles so individuell, wie das jeder von Ihnen ist. Eine Erfahrung ist nicht immer sensationell, sondern manchmal sehr fein und subtil – wir müssen lernen, für feine Erfahrungen sensibel zu werden.

Eine weitere gute Voraussetzung für den Umgang mit den Lehren in diesem Buch und fürs Leben allgemein ist Sinn für Humor. Ich habe festgestellt, daß man in der physischen Welt, wo sich die bestehenden oder neu auftauchenden Umstände nicht immer kontrollieren lassen, nur versuchen kann, es mit einer Portion Humor zu sehen. Dies hat mir bei vielen Prüfungen geholfen. Lernen Sie, über sich selbst zu lachen, dann schmerzt es nicht so sehr, wenn andere über Sie lachen. Schließlich sind wir noch nicht perfekt!

Bitte verstehen Sie mich nicht falsch, wenn ich im Text manchmal die Begriffe "müssen" oder "sollen" verwende. Dabei setzte ich voraus, daß Sie als Individuum natürlich jederzeit die freie Wahl haben, etwas zu tun oder nicht zu tun. Doch wird das bloße Lesen der Informationen, die ich Ihnen gebe, Ihre Wahrnehmung und Ihr Leben nicht ändern. In diesem Sinne ist "müssen" oder "sollen" nicht als eine Anweisung von mir, sondern von Ihnen selbst zu verstehen, wenn Sie etwas ändern wollen.

Das erste Kapitel handelt von der Pflege des physischen Körpers. Ich weiß, dies ist langweilig, doch schließlich haben wir alle einen physischen Körper! Da wir auf der physischen Ebene leben, müssen wir diese zumindest verstehen, denn sie zu tolerieren ist nicht genug. Tolerieren heißt nur akzeptieren, doch nicht wirklich pflegen – und wir müssen das ganze Selbst pflegen.

Wir brauchen den Körper, um existieren, kommunizieren und uns umherbewegen zu können. Sie werden lernen, wie wundervoll dies sein kann. Ich mußte es auf die harte Tour lernen und versuche es Ihnen leichter zu machen. Der Körper ist ein Fahrzeug für die Seele. Die Seele ist der Fahrer, der Körper das Auto. Und wer will schon in einem schmutzigen, verbeulten, verrosteten, kaputten Auto herumfahren? Nun, lesen Sie weiter... Wir werden bald alles an Ihnen innen und außen auf Hochglanz poliert haben!

Freuen Sie sich über Ihre Fortschritte!

1

Verständnis des Physischen

In der venusischen Gesellschaft verstehen wir Spiritualität als Ausbalancieren seiner selbst auf allen Ebenen. Wenn
jemand im Physischen lebt, schließt dies den physischen
Körper ein.

Sie müssen dafür sorgen, daß der physische Körper gesund und ausgeglichen ist. Übungen, Fasten und richti-
ges Ausspannen sind nötig. Außerdem müssen Sie akzeptieren, daß der physische Körper größtenteils durch die
Genetik strukturiert ist und viele unserer physischen Eigenschaften vererbt sind. Die einen sind von Natur aus groß
und schwer, die anderen sind klein, schlank, muskulös
etc. Wir müssen in der Lage sein, innerhalb unserer eigenen physischen Begrenzungen zu arbeiten, sie zu akzeptieren und zu unserem Vorteil einzusetzen.

Zunächst einmal ist es ein Muß, sich selbst als einzigartig und individuell zu akzeptieren. Um uns so zu sehen,
wie wir sind, und die individuelle Schönheit zu erkennen, müssen wir unsere eigenen Normen aufstellen, anstatt die von anderen aufgestellten Richtlinien zu übernehmen. Das bedeutet nicht, daß wir perfekt sind und
nicht an uns arbeiten müssen, sondern daß wir herausfinden müssen, was für uns individuell funktioniert.

Jeder kann sich immer noch verbessern. Selbst die Muskeln einer schlanken Person können schlaff werden. Ak-
tiv zu sein ist wichtig. Spazierengehen, Treppensteigen,
Tanzen, Sport – all das kann gut tun. Manchmal verlas-

sen wir uns zu sehr aufs Auto anstatt auf unserer Beine. Menschen, die bei der Arbeit viel sitzen, brauchen mehr Übung als diejenigen, die sich bei der Arbeit bewegen. Doch melden Sie sich nicht zum Beispiel für Aerobic an, wenn Sie daran keinen Spaß haben.

Alles, was Sie unternehmen, sollte Ihnen Spaß machen, sonst werden Sie bald das Interesse verlieren. Ich tanze liebend gern, und ich glaube, daß ich deshalb in der Lage bin, fit zu bleiben. Ich bin klein und schlank, würde aber schnell meine Form verlieren, wenn ich nicht gerne spazierenginge. Ich unternehme lange Spaziergänge, da ich die Natur liebe, und ich tanze gerne. Jeden Tag stelle ich für eine halbe Stunde Musik an und führe für mich selbst exotische Tänze auf. Mit exotisch meine ich, auf dem Boden zu liegen und mit Armen und Beinen herumzustrampeln. Natürlich gefällt das wahrscheinlich nicht jedem. Sie müssen Ihre Übungen auf sich selbst und Ihren Lebensstil abstimmen. Sex ist ebenfalls eine sehr gesunde Aktivität. (Es ist hilfreich, wenn man einen Partner hat.)

Auch die Eßgewohnheiten sind wichtig. Es gibt eine Menge Bücher über Diäten, doch ist es wichtig, in nichts fanatisch zu werden. Denn dann haben Sie das Gleichgewicht Ihres physischen Selbst gestört. Es ist gut, gesund, nicht aber, ein Gesundheitsfanatiker zu sein. Sie müssen auch dabei entscheiden, was Ihnen gut tut. Wenn Sie Fleisch von Ihrem Speiseplan streichen, bedenken Sie, daß alle Lebewesen eine Seele haben und sich eines Tages zum menschlichen Zustand entwickeln werden! Ja, alle Pflanzen, Mineralien und Tiere sind Seelen, die in verschiedenen Daseinsformen inkarniert sind, um Erfahrungen zu sammeln. Wenn ihr bestimmter Zweck in diesem Zustand erfüllt ist, verlassen sie die physische Ebene und kehren in einen höheren Daseinszustand zurück.

Wir müssen also die Nahrung auswählen, die uns gut tut, und uns nicht darum sorgen, daß wir etwas töten. Was immer man ißt, muß gewürdigt werden, denn alle Nahrung ist lebendig. Seelen dienen in Inkarnationen als Pflanzen, Tiere, Mineralien etc. bestimmten Zwecken, zum Beispiel, uns als Nahrung zu dienen. Deshalb ist es so wichtig, unsere Nahrung zu segnen und dankbar dafür zu sein. Man sollte sich aber deswegen nicht schuldig fühlen, wohl aber das rechte Verständnis dafür aufbringen und sich daran erinnern, daß auch wir einst diesen Zwecken dienten, ehe wir Menschen wurden. Um den menschlichen Zustand zu erreichen, müssen wir in all den oben beschriebenen anderen Daseinsformen existiert haben. Dies wird später in diesem Buch noch ausführlicher erklärt.

Sie zerstören Ihren eigenen Körper, wenn Sie irgend etwas übertreiben. Sie müssen darauf achten, wie Ihr Körper sich fühlt und auf verschiedene Nahrung reagiert. Denn wir sind alle verschieden.

Ich habe festgestellt, daß die Reduzierung von Kohlehydraten (Kartoffeln, Getreide, Brot, Reis, Nudeln) und natürlich von Zucker Ihr Gewicht reduzieren kann, wenn Sie übergewichtig sind. Wenn Sie bereits eine kohlehydratreiche Beilage haben, brauchen Sie keine zweite. Sie brauchen nicht Brot *und* Nudeln, Reis, Mais oder Kartoffeln.

Vegetarier zu sein ist gut. Doch es ist nicht nötig, Fleisch, Käse, Eier und Fisch von seinem Speiseplan zu streichen. Denn Eiweiß ist für eine gute Gesundheit unerläßlich. Bedenken Sie, Ausgeglichenheit ist wichtig. Benutzen Sie Ihre Eßgewohnheit nicht dazu, sich anderen überlegen zu fühlen. Es ist wichtig, gesund, nicht überlegen zu sein. Sie können durch Diät keine spirituelle Vollkommenheit erreichen. Doch Sie können auf gesunde Weise ausgeglichen sein, ohne dabei über andere in ihrem Lernprozeß zu urteilen. Wesentlich besser ist es, Informationen mit anderen zu teilen und ihnen zu helfen. Denken Sie daran, wir alle sind in dieser physischen Gestalt wunderbare Seelen. Wir müssen versuchen, dies in unserer äußeren Erscheinung so gut wie möglich widerzuspiegeln. Glauben Sie mir, auf der Astralebene, wo wir keinen physischen Körper haben, ist das leichter. Doch die meisten von Ihnen, die dies lesen, haben nun einmal eine physische Gestalt!

Nun, es ist sehr wichtig, sich ordentlich zu kleiden und zu pflegen. Wir müssen Wert auf unser Äußeres legen. Es wird Ihnen mehr Selbstvertrauen verleihen, wenn Sie das Gefühl haben, gut auszusehen. Ich meine nicht, daß Sie aussehen müssen wie ein Filmstar. Doch gepflegt und nett und sauber zu sein ist wichtig – auch für diejenigen, die Ihnen am nächsten stehen!

Sie dürfen nicht sagen, das Aussehen ist doch egal. Natürlich ist es nicht egal! Wenn Sie bisher nur Schwarz getragen haben, glauben Sie nicht, daß Sie Ihr Image ein wenig aufhellen könnten? Finden Sie Kleider, die bequem und attraktiv sind. Probieren Sie verschiedene Farben aus, legen Sie sich ein neues Image zu. Brechen Sie mit alten Gewohnheiten und entdecken Sie das verborgene Ich. Scheuen Sie sich nicht, neue Ideen auszuprobieren. Sie können sich jederzeit verändern. Doch es ist unerläßlich, sauber zu sein.

Ich fand das anfangs wirklich lästig, nachdem ich einen physischen Körper manifestiert hatte. Ich hielt es für Zeitverschwendung zu baden, die Zähne zu putzen, die Kleider zu wechseln, die Haare zu kämmen. Es war ein nie endender Prozeß. Dann erkannte ich, daß ich mich bes-

13

ser fühlte, wenn ich es tat, und die Leute hatten nichts dagegen, mir nahe zu kommen.

Kreativ zu sein ist ein weiterer bedeutender Faktor im physischen Dasein. Es hilft wirklich, die Energie zu stimulieren, die ständig durch den Körper fließt. Leider halten sich viele Menschen nicht für kreativ. Kreativ zu sein bedeutet nicht, ein großer Künstler sein zu müssen. Es bedeutet, einen Weg zu finden, sich selbst und seine Gefühle auszudrücken.

Sie sind kreativ, wenn Sie Formen in den Wolken sehen. Sie sind kreativ, wenn Sie Verwendung für etwas finden, das jemand anders ausrangiert hat. Sie sind kreativ, wenn Sie aus Notwendigkeit etwas mit Draht oder Klebeband reparieren. Alles, was Menschen geschaffen haben, schufen sie aus Notwendigkeit. Sie brauchten etwas und schufen es! Da wir auf den Schöpfer abgestimmt und Teil dieser Energie sind, die uns schuf, sind wir von Natur aus selbst Schöpfer! Wir schaffen Familien, Gesellschaften, Kommunikations- und Reisemittel. Führen Sie dies weiter, und richten Sie die Aufmerksamkeit auf Ihre Möglichkeiten, kreativer zu werden. Denken Sie daran: Je mehr kreative Energie Sie einsetzen, desto mehr kreative Energie wird durch Sie hindurchfließen!

Fastentechniken

Auch Fasten über ein bis drei Tage ist für eine optimale physische Kondition hilfreich. Wenn es einem körperlich schwerfällt zu fasten, kann man statt dessen ein spirituelles Fasten versuchen, indem man positiv denkt und sich einen ganzen Tag lang auf spirituelle Gedanken einstellt. Richten Sie Ihre Aufmerksamkeit auch auf die Bedürfnisse anderer, seien Sie dankbar für all das Gute in

Ihrem Leben. Es ist immer gut, die Seelen zu segnen, die geschaffen wurden, um uns zu erhalten und mit Nahrung zu versorgen.

Eine Fastentechnik besteht darin, nur Obst und frisches Gemüse zu essen und Fruchtsaft, Wasser und Kräutertees zu trinken. Verzichten Sie auf Proteine und Kohlehydrate sowie auf Kaffee, Alkohol, Zigaretten etc.

Fasten Sie drei Tage lang, aber nur, wenn Sie sich ausruhen können und Sie keine körperlich, geistig oder emotional anstrengenden Tätigkeiten verrichten müssen. Entspannen Sie sich, hören Sie Musik, lesen Sie.

Die Ghee-Diät

Dies ist eine bekannte Yoga-Diät. Sie dient dazu, den Verdauungstrakt gründlich von Abfallstoffen zu reinigen, die sich in den Gedärmen festsetzen und dort faulen. Sie reinigt den Körper auch von den angesammelten Giftstoffen. Doch ich empfehle, diese Diät nicht öfter als einmal im Jahr durchzuführen. Sie sollten sich außerdem drei Tage von der Arbeit freinehmen, in denen Sie vollkommen ausspannen können, ohne irgendeine Art von Streß zu haben. Ich habe die Ghee-Diät ausprobiert und gebe hier meine Erfahrung damit wider.

Sie müssen am ersten Morgen oder am Abend zuvor beginnen und den Ghee vorbereiten, und zwar aus einem halben Pfund ungesalzener Butter pro Person. Sie kochen die Butter eine Stunde auf niedriger Stufe. Sie muß warm und geschmolzen sein, wenn Sie sie einnehmen. Sie nehmen beim Aufstehen am Morgen als erstes drei Eßlöffel Ghee (geschmolzene Butter) zu sich. Danach dürfen Sie nur gekochtes Getreide essen – Hafer, Weizen, Gerste, aber keinen Reis. Das ist alles, was Sie außer ungesüßtem Saft,

Wasser oder ungesüßtem Kräutertee zu sich nehmen dürfen. Kaffee, schwarzer Tee, Alkohol oder Zigaretten sind nicht erlaubt.

Diese Diät halten Sie drei Tage ein. Es kann sein, daß Sie anfangs Kopfschmerzen oder leichte Magenkrämpfe bekommen. Das zeigt Ihnen nur, daß es funktioniert. Es ist die Reaktion des Körpers, der daran gewöhnt ist, bestimmte Mengen Kaffee, schwarzen Tee, Alkohol, Coca Cola etc. zu bekommen. Dies wird vorübergehen. Sie werden sich schwach und leicht berauscht oder schwindelig fühlen. Doch schließlich werden Sie eine Klarheit des Sehens, Hörens, Riechens und Schmeckens bemerken, und die Gefühle werden resensibilisiert. Sie werden sich erneuert fühlen, munterer sein und mehr Energie haben. Dies war meine Erfahrung, natürlich hängt es von der Menge Giftstoffe ab, die man im Körper hat. Viel Glück!

Ghee-Rezept

Pro Person 1/2 Pfd. ungesalzene Butter eine Stunde kochen lassen und vor jeder Einnahme auf kleinem Feuer erhitzen. Nehmen Sie an allen drei Tagen morgens als erstes drei Eßlöffel zu sich.

Sie können sich eine Getreidesorte aussuchen, die Sie kochen – Hafer, Weizen, Gerste etc., aber kein Reis! Davon dürfen Sie jeden Tag soviel essen, wie Sie möchten. Salz, Milch oder Süßstoff sind tabu!

Nachfolgend empfehle ich Ihnen zwei meiner köstlichen und gesunden Lieblingsrezepte:

Die Zellulitisschmelze

Verbrennt bestehende Fettpolster
– für dicke und dünne Menschen –

1 Bund Sellerie
1 Pfd. grüne Bohnen, möglichst frisch
   oder tiefgekühlt
1 Pfd. Spinat
1 Bund Petersilie
1 Knoblauchzehe
2 Liter Wasser

Waschen und schneiden Sie alle Gemüse auf eine Länge von zweieinhalb bis fünf Zentimetern, zerhacken Sie den Knoblauch. Bringen Sie in einem großen Topf das Wasser zum Kochen, fügen Sie den Spinat, die Bohnen, den Sellerie hinzu, und kochen Sie alles fünf Minuten lang. Stellen Sie die Hitze kleiner, geben Sie Petersilie und Knoblauch dazu. Lassen Sie es weitere fünf Minuten kochen. Geben Sie Meer- oder Gemüsesalz für den Geschmack dazu (nicht zu viel) oder lassen Sie es weg, wenn Sie wollen.

Geben Sie das Ganze in den Mixer, bis es sämig ist. Trinken Sie davon ein großes Glas warm oder kalt vor dem Frühstück und ein weiteres vor dem Mittagessen, dann noch eins vor dem Schlafengehen. Es ist gut, dies eine Woche lang jeden Tag zu tun. Sie können es jede Woche oder einmal im Monat für eine Woche tun. Bewahren Sie die Mischung im Kühlschrank auf.

Knusprige Space-Granolas

*Kann als Snack trocken oder mit Milch
oder Yoghurt gegessen werden*

3 Pfd. Hafer
1/2 Pfd. geschälte Walnüsse
1/2 Pfd. Rosinen
1/4 Pfd. Sesamsamen
1/2 Pfd. Kokosnuß, geraspelt oder zerhackt
1/2 Pfd. Mandeln, geschält
1/2 Tasse brauner Zucker
1 kleines Glas Honig
1/4 Tasse Pflanzenöl
1 Teelöffel Salz

Mischen Sie alle Zutaten in einem großen Gefäß. Sie müssen vielleicht Ihre Hände dazunehmen – es ist in Ordnung, waschen Sie sie nur zuerst. Sie bringen so Ihre Liebe und Energie hinein, was ganz wichtig ist!

Wenn es nicht mehr krümelig, sondern wie ein Trockenkuchenteig aussieht, ist es fertig. Breiten Sie eine gute Schicht davon auf einem zuvor mit Öl eingefetteten Backblech oder in einer Kuchen- oder Auflaufform aus. Bakken Sie das Ganze dann bei etwa 225 Grad, bis es braun ist. Drehen Sie es dann um und lassen Sie es weiterbräunen. Fahren Sie fort, bis alles fertig ist. Füllen Sie es dann zum Abkühlen und Aufbewahren in einen großen Behälter.

Ich hoffe, es schmeckt Ihnen und Sie teilen es mit Freunden. Es ist immer gut!

Alle oben aufgelisteten Fastenkuren verschaffen den verschiedenen Körpern, besonders dem physischen, Ruhe und Reinigung.

Ich betrachte das Essen von Fleisch als eine individuelle Entscheidung. Wenn Sie seit 15 oder 20 Jahren dreimal am Tag Fleisch essen, ist es gut, wenn Sie es reduzieren oder es größtenteils von Ihrem Speiseplan streichen. Doch seien Sie dabei nicht fanatisch. Manchmal werden Sie ein Bedürfnis danach verspüren.

Es gibt auch Menschen, die bestimmte Nahrungsmittel nicht vertragen. Sie müssen lernen zu essen, was Ihnen gut tut, ohne Schuldgefühle. Genießen Sie, was Sie verzehren, aber übertreiben Sie nichts und verzehren Sie nicht zuviel von irgend etwas. Danken Sie den Seelen, die einst das waren, was Sie essen.

Es gibt viele Videos und Bücher auf dem Markt, die sich mit Fastenkuren und Übungen befassen. Finden Sie das für Sie beste Verfahren heraus und bleiben Sie dabei. (Wenn Sie hin und wieder mogeln, wie wir das alle tun, fühlen Sie sich nicht schuldig, genießen Sie die Unterbrechung, doch kehren Sie zu Ihrem einmal gewählten System zurück.)

Wenden wir uns nun dem emotionalen Selbst zu.

2

Mit den Gefühlen umgehen lernen

Nun kommen wir zu einem Gebiet, das für alle Lebewesen, besonders aber für Menschen sehr schwierig und sensibel ist, da viele unserer emotionalen Erfahrungen nicht nur von unserer Existenz hier herrühren, sondern einige auch von früheren Leben, die als Erinnerungen oder Erfahrungen von der Seele mitgebracht werden.

Gefühle sind ein sehr wesentlicher Teil des Seins, denn ohne Gefühle könnten wir nicht existieren. Dies gilt für jeden Teil unseres Seins – wie wir uns physisch fühlen und wie wir aussehen, wie wir geistig funktionieren, bis hin zu unserer Fähigkeit, uns auf Menschen und Dinge in unserem Umfeld einzustellen. Man wird leichter emotional unausgeglichen, als dies bei fast allen anderen Funktionen der Fall ist, denn die Gefühle sind ständig in Bewegung oder in Aktion.

Das Leben ist eine emotionale Achterbahn, und wie unsere Erfahrungen auch verändert es sich ständig. Gefühle begleiten uns von einer Existenz in die nächste. Die Dimension, die den Emotionalkörper kontrolliert und aufrechterhält, ist die Astralebene. Dort zu existieren bedeutet, auf Gefühle und Erfahrungen zu vertrauen und in einem emotionalen Bewußtseinszustand zu leben. Das ist gut, wenn man im Astralkörper auf der Astralebene lebt.

Es ist jedoch schwierig, auf der physischen Ebene auf Gefühle zu vertrauen, wie ich auf die harte Tour herausfand.

Wir sind mit Sinnen ausgestattet, die uns helfen, uns auf der physischen Ebene zu orientieren und Erfahrungen zu machen. Unsere Sinne betreffen uns direkt emotional. Von Geburt an wirken Berührung, Geschmack, Bilder, Geräusche und sogar Gerüche auf uns ein. Diese Sinneseindrücke liefern uns unsere ersten Gefühlsmuster in diesem Leben. Grundlegende Gefühlsmuster sind Reaktionen oder Antworten auf Dinge um uns herum, wie Lächeln oder Lachen, wenn wir glücklich und zufrieden sind, Weinen, wenn wir uns unwohl fühlen oder fürchten. Schließlich gehen wir über ein grundlegend gefühlsmäßiges Verhalten hinaus und binden uns an Menschen oder Annehmlichkeiten.

Wenn wir älter werden, erleben wir außerdem gefühlsmäßige Krisen und schaffen in unserem Alltagsleben emotionale Konflikte in unseren Beziehungen zu Menschen. Man kann sogar nach bestimmten Verhaltensweisen oder Annehmlichkeiten süchtig werden, auch nach anderen Menschen. Dann aber entsteht emotionales Ungleichgewicht. Auch wenn wir unser gefühlsmäßiges Verhalten nicht mehr beherrschen können, besteht ein Ungleichgewicht. Manchmal wird es durch ein chemisches Ungleichgewicht im physischen Körper hervorgerufen. Doch dies ist mit gewöhnlichen Mitteln nicht zu kontrollieren.

Gefühle haben eine Menge mit Selbstvertrauen zu tun, damit, glücklich, traurig oder fähig zu sein, sich in fremden Situationen wohl zu fühlen. Viele stellen fest, daß sie aufgrund einiger zutiefst emotionaler Traumata Schwierigkeiten haben, wenn sie ähnlichen Situationen wie denen begegnen, die das Trauma verursacht haben. Viele verbringen ihr Leben damit, solche Situationen zu meiden und vor diesen Erfahrungen wegzulaufen. Manchmal wird dieses Verhalten zur Gewohnheit, und man ist sich nicht bewußt, daß man unnötiges emotionales Gepäck mit sich herumschleppt. Einige greifen als Fluchtmittel zu Drogen, Alkohol oder zu irgendeiner sonstwie stimulierenden Aktivität. Andere landen in einer geschlossenen Anstalt, da sie es nicht verstehen oder nicht in der Lage sind, gefühlsmäßig damit fertigzuwerden. Dies sind chronische Fälle, doch allen kann geholfen werden.

Da der Emotionalkörper eine primär wichtige Funktion ist, sollten wir danach streben, uns gefühlsmäßig wohl zu fühlen und ausgeglichen zu sein. Falschinformation, Mißhandlung und eine Reihe von sozialen Lehren sind für viele emotional kranke Menschen unmittelbar verantwortlich.

Lassen Sie sich jedoch durch das, was Sie gerade gelesen haben, nicht soweit ängstigen, daß Sie einen Termin bei einem Psychotherapeuten vereinbaren oder eine Selbstanalyse durchführen. Der erste Schritt, gefühlsmäßig glücklich und ausgeglichen zu sein, ist der, in der Lage zu sein zu verstehen, warum Sie sich so fühlen, wie Sie sich fühlen. Vielleicht liegt es einfach daran, daß Sie gerade entdecken, eine Seele zu sein, die einen physischen Körper bewohnt. Sich selbst auf diese Weise sehen zu können ist ein riesiger Schritt!

Es ist vollkommen normal, in bestimmten Situationen wütend zu werden, doch werden Sie nicht übermäßig aggressiv. Alle Gefühle sind gewöhnlich normale Reaktionen. Wir dürfen jedoch nicht so emotional werden, daß wir die Beherrschung verlieren. Es ist leicht, emotional verwickelt oder eingenommen zu werden. Sie können sich selbst am besten einschätzen, wenn es darum geht, Ihre eigenen Gefühle zu verstehen. Manchmal sollten wir mitten in einem Gefühlskonflikt einfach einmal eine Pause einlegen, zurücktreten und die Situation überprüfen. Wenn wir den Eindruck haben, daß wir zu emotional werden, müssen wir lernen, unsere eigenen Gefühle zu beherrschen.

Eine der Hauptursachen für Konflikte ist die, andere Personen zu beherrschen zu versuchen oder sie zu zwingen, etwas so zu sehen oder so zu fühlen wie wir. Zu erkennen, daß jedes Individuum das Recht hat, aus seiner eigenen Perspektive heraus zu fühlen und zu denken, ändert eine Reihe von Konfliktsituationen dahingehend, daß man den anderen versteht und akzeptiert. Prüfen Sie sich stets selbst, wenn Sie emotional reagieren. Sie werden vielleicht überrascht sein, wie viel davon Gewohnheit ist. Und Sie werden feststellen, daß Sie im Grunde eigentlich ganz anders empfinden.

Eine gute Übung für die Gefühle ist es, eine Liste darüber aufzustellen, was Sie wütend macht. Listen Sie dann Dinge auf, die Ihnen Angst machen. Dann, was Ihnen Wohlbehagen bereitet, was Sie glücklich und was Sie traurig macht. Versuchen Sie diese Gefühle zu verstehen und auch, warum Sie bei bestimmten Erlebnissen auf bestimmte Weise empfinden. Versuchen Sie Ihre Ängste zu überwinden. Versuchen Sie die Wut zu verstehen. Versuchen Sie sich vorzustellen zu lächeln, anstatt wütend zu sein.

Es hilft auch, eine wirklich emotional traumatische Situation, die Sie zutiefst berührt hat, aufzuschreiben. Schreiben Sie es auf, und Sie haben sich davon gelöst. Finden Sie dann jemanden, dem Sie es mitteilen können, jemanden, dem Sie vertrauen. Sie werden überrascht sein, wie viel Erleichterung Sie empfinden werden.

Wir alle brauchen einen emotionalen Ausgleich oder etwas, das wir gerne zur Entspannung tun. Es ist gut, sich außerdem gelegentlich zu verwöhnen – nehmen Sie zum Beispiel eine gute Massage. Das ist physisch und emotional immer heilsam. Ich mag ein schönes, duftendes Bad mit Kerzenlicht, Räucherstäbchen und Musik. Natürlich ist auch Meditation sehr gut für die Gefühle. Spezielle Meditationsformen finden Sie in Kapitel 8.

Wenn Sie Ihre Gefühle beherrschen können, werden Sie feststellen, daß Sie im Sozialleben besser funktionieren, und dies wird in Ihrem Beruf Wunder bewirken, natürlich bewirkt es auch Wunder in privaten Beziehungen, wenn Sie verstehen, wie Sie emotional funktionieren.

Persönliche Beziehungen zur Familie, zu engen Freunden oder einem Partner hängen davon ab, ob Sie in Ihren Gefühlen anderen gegenüber ehrlich sind und Sie sich mit Konflikten befassen, wenn sie auftreten, und Sie sie sich gar nicht erst aufbauen lassen, bis es zu einer Überladung und dann zu Wutausbrüchen kommt. Wenn jemand etwas sagt oder tut, das Sie verletzt oder aufregt, dann sollten Sie dies in dem Moment ganz ruhig sagen. Es ist wichtig, Menschen wissen zu lassen, wie Sie sich fühlen. Wenn Ihre Beziehung zu einem Familienmitglied oder zu einem früheren Freund in schlechten Gefühlen endete, ist es wichtig, diese aufzulösen, indem man Kontakt zu der betreffenden Person aufnimmt, ihr schreibt oder mit ihr redet. Denn Sie tragen auch dies mit sich herum, und es kann eine unnötige karmische Schuld oder Bindung schaffen.

Als bewußterer Mensch sind Sie für Ihre Handlungen und Situationen verantwortlich. Es liegt an Ihnen, den ersten Schritt zu tun, um Mißverständnisse und Konflikte aufzulösen. Auf diese Weise befreien Sie sich selbst.

Selbst wenn der andere sich weigert, seinen Anteil daran anzuerkennen, oder er nicht darüber reden oder nicht verzeihen will, sind Sie dennoch frei, da Sie die Verantwortung für Ihren Teil übernommen und sich um eine Lösung bemüht haben. Dann ist es nur noch das Problem des anderen, da Sie sich um Ihren Teil gekümmert haben. Sie haben sich selbst von der unnötigen emotionalen Last befreit und Ihren Teil gelöst. Sie können nur für sich selbst verantwortlich sein und tun, was für Sie und Ihr Wohlbefinden richtig ist. Sie sind nicht verantwortlich für die Reaktion des anderen oder seine mangelnde Einsicht. Jeder muß für sich selbst verantwortlich sein. Jeder muß seinen eigenen Weg und seine eigene Wahrheit finden. Wir müssen den Weg des anderen akzeptieren, und er muß unseren Weg akzeptieren, ohne darüber zu urteilen. Denn jemanden zu beurteilen heißt, ihn nicht so sein zu lassen, wie er sich entschieden hat zu sein.

Sie können jemand anders nie dazu zwingen, die Dinge so zu sehen wie Sie. Als Individuen haben wir alle unsere eigene Sichtweise und unsere eigenen Gefühle. Keine zwei Seelen und keine zwei Menschen sind gleich. Wir müssen lernen, dies zu akzeptieren, und erkennen, daß dies wahr ist. Sie können nur Ihre eigene Sichtweise ändern, indem Sie an sich arbeiten. Sie können Ihre Auffassung jedoch immer mit anderen teilen, was Sie sogar tun sollten. Vielleicht können Sie dabei lernen, die Dinge aus einem anderen Blickwinkel zu sehen.

Wenn über eine Meinungsverschiedenheit Streit entsteht, sollten Sie einmal darüber nachdenken, daß vielleicht beide recht haben, weil sie verschieden sind. Wir sollten erkennen, daß es keine überlegene Rasse und kein überlegenes Volk gibt, kein überlegenes Wissen, keine

überlegene Religion, kein überlegenes Land oder eine überlegene Welt, daß wir alle aus demselben Grund hier sind,
nämlich um in der physischen Welt alles zu erfahren und
zu lernen, was wir nur können, so daß wir in anderen
Dimensionen zu lernen beginnen können, was wir hier
nicht lernen können. Wenn wir lernen, das Recht des
anderen auf seine oder ihre individuellen Gefühle, Vorstellungen und Wahrnehmungen zu akzeptieren, dann
fangen wir an, ein ausgeglicheneres emotionales Selbst
zu entwickeln.

Es ist wichtig, die verschiedenen Gefühle zu erkennen
– Wut, Angst, Freude, Aggression, Schmerz; sie sind alle
wichtig. Sie müssen in der Lage sein, sie alle zu spüren
und zu akzeptieren, ohne zu sehr in sie hineingezogen
zu werden, so daß Sie als Seele keine Kontrolle mehr über
Ihre Gefühle haben. Sie können in allem maßlos werden
– das bedeutet, nicht ausgeglichen zu sein –, doch nur
Sie als Person kennen Ihre eigenen individuellen Grenzen, Sie sind der oder die einzige, der oder die sie kontrollieren kann. Sie müssen Ihr eigenes Gleichgewicht finden.

Manche Menschen essen zuviel, trinken zuviel, rauchen
zuviel, übertreiben gar alles mögliche oder werden danach süchtig, zum Beispiel nach Sex. Aus Gewohnheit
werden Menschen sogar süchtig nacheinander oder nach
bestimmten Situationen, nicht, weil sie das so sehr mögen, sondern weil sie es benutzen, um irgendeinen ge-
fühlsmäßigen Mangel oder ein nicht befriedigtes Bedürfnis zu kompensieren. Dies ist eine Gefahr, und wir müssen
unsere Gefühle erforschen lernen und sie verstehen, damit wir in der Lage sind zu erkennen, ob wir etwas aus
emotionaler Verhaftetheit heraus tun oder übertreiben.
Es ist wichtig, seine Fehler einsehen zu können.

Setzen Sie sich also hin und stellen Sie sich selbst ein paar Fragen zu Ihrem Verhalten: Reagieren Sie emotional aus Gewohnheit heraus oder empfinden Sie wirklich so? Sind Sie in gewissen Dingen maßlos geworden? Können Sie erkennen, wann Sie keine gefühlsmäßige Kontrolle mehr haben?

Beantworten Sie diese Fragen auf einem separaten Blatt Papier. Schreiben Sie auch auf, wie Ihre Definition von Liebe lautet. Schreiben Sie alles über Ihre Gefühle auf, was Ihnen einfällt.

Tun Sie Dinge, die Sie wirklich genießen, oder Dinge, die andere von Ihnen erwarten? Schauen Sie in den Spiegel und fragen Sie: Wer bin ich? Bin ich jemand, den ich kenne, oder jemand, der durch die Vorstellungen anderer über mich geschaffen wurde? Lassen Sie andere nicht Ihr Leben kontrollieren! Stellen Sie Ihre eigenen Richtlinien auf, versuchen Sie nicht, sich mit anderen zu messen oder anders zu sein als so, wie Sie sind oder eigentlich sein wollen, und tun Sie, was Sie für richtig halten. Sie haben das Recht, so zu empfinden und zu handeln, daß es Ihr Leben wirklich leichter macht und Sie glücklich sind. Sie werden sich wesentlich besser fühlen, wenn Sie all Ihre Gefühle als Teil von sich anerkennen und akzeptieren!

Gefühlstest

I. Listen Sie unten sechs Dinge auf, die Sie meinen an
    sich verändern zu sollen, und beginnen Sie mit "Ich
    sollte ...".

    Beispiel:
    Ich sollte intelligenter sein.
    1. Ich sollte ...
    2.
    3.
    4.
    5.
    6.

II. Lesen Sie nun jeden Satz und fragen Sie sich nach
    jeder einzelnen Aussage, warum Sie meinen, dies tun
    zu müssen oder so sein zu sollen.
    Schreiben Sie unten die Antworten auf:

    Beispiel:
    Ich sollte intelligenter sein, weil ...

    1. Ich sollte ..., weil ...
    2.
    3.
    4.
    5.
    6.

Sie werden überrascht sein festzustellen, daß die meisten
Antworten sich auf etwas anderes beziehen als darauf,
daß *Sie* etwas wollen.

III. Lesen Sie nun noch einmal die sechs Aussagen, die mit "Ich sollte" anfangen, in Liste I. Tauschen Sie das "Ich sollte" aus gegen "Wenn ich wirklich wollte, könnte ich ...".

Beispiel:
Wenn ich wirklich wollte, könnte ich intelligenter sein.

1. Wenn ich wirklich wollte, könnte ich ...
2.
3.
4.
5.
6.

IV. Lesen Sie Liste III. nun noch einmal. Fragen Sie sich dann nach jedem Satz: "Warum bin ich nicht so oder habe ich das nicht getan?" und schreiben Sie unten die Antworten hin:

Beispiel:
Ich bin nicht intelligenter gewesen, weil ...

1. Ich bin nicht ..., weil ...
2.
3.
4.
5.
6.

Nun haben Sie die Antworten darauf, warum Sie denken, daß Sie bestimmte Dinge tun sollten, warum Sie sie nicht getan haben, und wissen, daß Sie sie tun könnten, wenn Sie wirklich wollten.

V. Nun zum Thema Liebe bzw. Selbstliebe:

Ich kann Liebe empfinden für

1. den gesamten Prozeß des Lebens selbst
2. die Freude, lebendig zu sein
3. die Schönheit, die ich sehe
4. einen anderen Menschen
5. Wissen
6. das Universum, so wie es ist

Was können Sie der Liste hinzufügen?
1.
2.
3.
4.
5.
6.

VI. Lassen Sie uns ansehen, für was Sie sich *nicht* lieben:

1. Ich schelte und kritisiere mich endlos.
2. Ich malträtiere mich mit Essen, Alkohol oder Drogen.
3. Ich glaube, ich bin nicht liebenswert.
4. Ich bin mir meines Selbstwertes nicht bewußt.
5. Ich schaffe Krankheit und Schmerz in meinem Körper.
6. Ich zögere Dinge hinaus, die mir gut tun könnten.
7. Ich lebe in Chaos und Unordnung.
8. Ich lade mir Schulden und Belastungen auf.
9. Ich ziehe Liebhaber und Gefährten an, die mich herabsetzen.

Was können Sie der Liste hinzufügen?
1.
2.
3.
4.
5.
6.

VII. Mangelndes Selbstwertgefühl:

1. Ich bin überzeugt, in meiner Ehe oder Beziehung ein Versager zu sein.
2. Ich habe Angst, um mehr Geld für meine Dienste zu bitten.
3. Mein Körper sieht nicht so aus wie die Körper in "Vogue" oder "Männer-Vogue".
4. Wenn ich den Verkauf nicht tätige oder den Job nicht bekomme, den ich gerne hätte, bin ich überzeugt: "Ich bin nicht gut genug."
5. Ich fürchte mich vor Intimität oder lasse niemanden zu nahe an mich heran. Deshalb habe ich lieber anonymen Sex.
6. Ich kann keine Entscheidungen treffen, denn ich bin überzeugt: "Es wird falsch sein oder schiefgehen."

Listen Sie einige weitere Sätze auf, in denen sich Ihr mangelndes Selbstwertgefühl ausdrückt:

1.
2.
3.
4.
5.
6.

Lernen Sie, wie ein Baby zu sein. Es kann sich ausdrük-
ken, ohne befangen zu sein – sogar recht lautstark –, um
Wut oder Freude zu äußern. Beides ist ein Teil des Lebens.
Das Baby mag jeden Teil seines Körpers und dessen Vor-
gänge. Es sorgt sich nicht darum, ob es geliebt werden
wird oder wie es aussieht. Es liebt nur und wird geliebt.
Denn was man aussendet, kehrt zurück!
Nehmen Sie einen Spiegel zur Hand, betrachten Sie sich
darin und sagen Sie sich, daß Sie das, was Sie sind, lieben
und akzeptieren. Sie können andere nur dann lieben,
wenn Sie sich wirklich selbst lieben.

3

Die Wirkung des Kausalen

Die Kausaldimension wirkt sich indirekt und direkt auf unser Leben aus. Es ist die Ebene, wo all die Aufzeichnungen über Ihre vergangenen Inkarnationen aufbewahrt werden. Die spirituell Eingeweihten und Fortgeschrittenen haben Zugriff zu diesen Aufzeichnungen, die man auch als Akasha-Aufzeichnungen bezeichnet. Jede Seele kann diese Ebene erreichen. Viele einzelne Menschen und viele spirituelle Gruppen machen Rückführungen und lesen in ihren früheren Leben. Man bezeichnet dies auch als Akasha-Readings. Manchmal sind sie hilfreich, um etwas über sein jetziges Leben zu lernen. Denn sie vermitteln ein klares Bild von derzeitigen Beziehungen und Lebenssituationen, indem sie deutlich machen, ob es sich um karmische oder um unnötige Erfahrungen handelt, die man geschaffen hat.

Als Individuum schaffen Sie sich tatsächlich Ihr eigenes Leben und Ihre eigenen Erfahrungen und suchen sie sich aus, selbst wenn Sie sich daran nicht erinnern. Nichts geschieht zufällig. Jede Seele sucht sich vor ihrer Inkarnation das Leben aus, das sie führen will, basierend auf den vergangenen Verbindungen zu anderen Seelen und bestimmten Erfahrungen, die man braucht, um weiterzukommen.

All diese Entscheidungen, Leben und Erfahrungen der Vergangenheit sind in den Kausalkörpern in der Kausaldimension gespeichert, ja sie sind Teil aller Seelen. Manchmal bezeichnen die Psychologen sie als Unterbewußtsein.

Wenn eine Seele sich für eine Lebenserfahrung entscheidet, aber nicht aus der Erfahrung lernt und keine Fortschritte macht, tritt eine unnötige Wiederholung ein. Leider geschieht dies viel zu oft aufgrund der beschränkten Lehren der Gesellschaften hier. Wenn Sie nicht wissen, daß Sie eine Seele sind, und sich der anderen Dimensionen nicht bewußt sind, wissen Sie auch nicht, daß Sie sich diese Erfahrung ausgesucht haben, was es noch schwieriger macht zu lernen. Denn Sie verbringen dann eine Menge Zeit damit zu kämpfen, Sie fühlen sich verwirrt und verstehen nicht, warum Sie hier sind.

Sobald Sie zu akzeptieren lernen, daß Sie es sich ausgesucht haben, hier zu sein, sobald Sie aufhören, gegen die Erfahrungen anzukämpfen und sie als etwas sehen, das Ihren eigenen Fortschritt fördert, sind Sie auf Ihrem Weg und nicht mehr in den Erfahrungen gefangen. Wenn es Ihnen an Verständnis mangelt, werden Sie emotional befangen und geistig gestreßt, was gewöhnlich dazu führt, sich sogar noch mehr karmische Schuld aufzuladen! Die Aussage, daß eine Erfahrung, die einen nicht tötet, einen stärker macht, ist richtig.

Wenn man jede Erfahrung als eine Gelegenheit zu lernen akzeptiert, ist dies ein großer Schritt, der es leichter macht, das Leben zu verstehen. Auch wenn man in der Lage ist, die Situation, in der man sich gerade befindet, zu untersuchen und sich zu fragen, was gelernt wurde, trägt dies dazu bei, das Bild zu klären.

Es gibt viele Schlüssel zu sich selbst, die auf der Kausalebene aufgezeichnet sind. Jede Seele hat die Fähigkeit, ihre eigene Vergangenheit zu lesen. Ich ermutige Sie dazu, denn all Ihre vergangenen Leben haben viel mit dem zu tun, was Sie jetzt sind und wo Sie jetzt stehen!

Nun, als Seele haben Sie die Fähigkeit, all die Dimensionen zu besuchen, von denen hier die Rede ist. Die Seele kennt keine Grenze außer der, die sie sich selbst schafft. Die Seele kann willentlich die physische Ebene verlassen und zu jedem Ziel reisen. Für jede Dimension hat die Seele einen eigenen Körper, um dort existieren zu können. Dieser Körper dient dem Schutz der Seele und entspricht den Schwingungen der jeweiligen Dimension, so daß die Seele ein Fahrzeug für jede Dimensionsebene hat und dort sein kann.

In Kapitel 10 habe ich diese Dimensionen und die entsprechenden Mantras für Sie dargelegt. Diese Mantras verändern die Schwingung der Seele und ermöglichen es, die Dimension, die sie repräsentieren, zu erfahren und zu bereisen. Man muß natürlich seinen spirituellen Beschützer bitten, den physischen Körper von unerwünschten Wesenheiten freizuhalten. Sagen Sie außerdem Ihrem Wachbewußtsein, daß Sie sich an alles, was Sie sehen, hören und erfahren, erinnern werden. Manchmal weigert sich der Verstand zu akzeptieren, was im Reich des Physischen nicht einprogrammiert, für logisch gehalten oder geglaubt wird. Um das kausale Selbst wieder mit dem bewußt denkenden Verstand zu verbinden, muß man darauf beharren, daß man sich erinnern wird. Warum? Weil der Verstand ein Werkzeug zum Schaffen und Aufzeichnen ist. Die Seele gibt die Anweisungen. Doch zu viele Menschen glauben, der Verstand habe die Kontrolle. Was für ein Fehler! Doch das liegt daran, daß diejenigen, die die Kontrolle ausüben möchten, wollen, daß alle dies glauben. Wenn wir aber erst einmal anfangen, die Wahrheit zu lernen, haben *wir* die Kontrolle und werden nicht kontrolliert. Dann glauben wir nicht mehr, was andere uns sagen. Wir wissen es besser. Sie müssen *wissen*, nicht *glauben*! Etwas zu glauben unterliegt der Veränderung. Etwas zu wissen ist unveränderbar.

Wenn Sie regelmäßig meditieren, werden Sie die Seelenreise allmählich meistern. (Mehr zur Seelenreise erfahren Sie in Kapitel 9.) Wenn Sie dem Verstand befehlen, sich an ein Erlebnis zu erinnern, verbinden Sie das Kausale wieder mit dem Verstand. Sie setzen auch die Seele in volle Kontrolle ein, wie es sein sollte, denn Sie sind Seele.

Sie müssen all Ihre Erfahrungen – vergangene und gegenwärtige – verstehen, um vollständig zu sein. Alles, was Sie getan haben und gewesen sind, sollten Sie als einen Teil Ihrer selbst akzeptieren. Alle Erfahrungen, ob sie in gute und schlechte unterteilt werden oder nicht, sind wertvolle Erfahrungen, die die Seele für ihre Vervollkommnung hier im Physischen braucht. Die Seele kann dann fortschreiten, um in den anderen Dimensionen jenseits dieser physischen Ebene Dinge zu lernen, die mit diesem Körper und diesem Gehirn nicht begriffen werden können.

Wenn wir all die Teile des Selbst innerhalb dieses Körpers – das physische, emotionale, kausale, mentale und ätherische Selbst – wieder miteinander verbinden und sehen, daß all diese Erfahrungen und Teile des Selbst Bestandteil der Erfahrung der Seele sind, dann können wir anfangen zu sehen, wie riesig unsere Universen, wie großartig wir alle sind und wie wunderbar es ist, mit allen geschaffenen Dingen verbunden und ein Teil von dem zu sein, das alles erschuf! Akzeptieren Sie also das Kausale als einen wichtigen Bestandteil aller Seelen, denn es enthält den Schlüssel zu dem, was wir waren, und zu dem, was wir sind. Dann können wir unsere wahren Teile des Selbst wirklich als Seele erkennen.

4

Der Mentalprozeß

Der Mentalprozeß ist ein Prozeß des Registrierens und Erinnerns, der auf dem basiert, was man als Teil seiner Aufgabe in dieser bestimmten Seinsebene lernt. Während die Astralebene auf Gefühlen basiert, ist die Grundlage der Mentalebene das Denken.

Der Verstand und das Gehirn gleichen einem Computer, der mit Informationen programmiert oder gefüttert werden muß – gewöhnlich mit Sprache, Mathematik und Logik. Die Informationen basieren größtenteils darauf, welche Vorstellungen im Physischen als Realität akzeptiert werden. Viele Wissenschaftler, Doktoren und Lehrer richten ihre Aufmerksamkeit auf den mentalen Prozeß des Lernens. Wenn jemand zu mental wird, wird alles abgelehnt, was nicht logisch ist. Wir müssen deshalb den Mentalprozeß verstehen und einsetzen, doch wir sollten uns darin nicht dermaßen verfangen, daß wir uns nicht gestatten, Vorstellungen jenseits des physischen Daseins zu begreifen.

Die meisten großen Wissenschaftler und Erfinder der Vergangenheit waren Visionäre. Sie ließen die Möglichkeit von Realitäten jenseits der Logik oder der anerkannten Vorstellungen zu. Sie waren zwar große Denker, lernten aber auch, von höheren Ebenen wie der der Intuition aus zu arbeiten, und gelangten zu großartigen Sichtweisen der sogenannten Realität.

Einstein war ein solcher Mann. Er erlaubte sich, die Logik der anerkannten Realität zu überwinden und darüber hinauszudenken, und glaubte, daß es vielleicht auch eine Seinsebene jenseits des physischen Verständnisses geben könne. Er erkannte, daß Zeit eine menschengemachte Vorstellung ist.

Nikola Tesla ging über die anerkannten Vorstellungen von Energie hinaus und fand neue Energiequellen, die von den meisten Wissenschaftlern heute erst noch entdeckt oder verstanden werden müssen.

Leider lernen die meisten Menschen nur innerhalb ihrer beschränkten Realitätsgrenzen und müssen viele Lektionen wiederholen, da sie nicht wirklich als Individuum denken. Sie gehen durchs Leben, akzeptieren nur das, was ihnen beigebracht wurde, und glauben nichts anderes – ganz wie ein Roboter. Indem sie die Programme wiederholen, die ihnen gegeben wurden, lernen sie von den Lehrern, Eltern, Kirchen, der Kultur und den Führern ihrer Gesellschaft. Sie akzeptieren, daß sie weiß, schwarz, gelb, rot, protestantisch, katholisch, jüdisch etc. sind, oder aber sie sind Europäer, Amerikaner, Asiaten. Ferner sind sie Sozialisten, Demokraten, Republikaner oder Linke, die niemals fragen, ob sie dies alles wirklich glauben, sondern nur wiederholen, was sie hören, und dies halten sie für ihren eigenen Standpunkt. Auch Vorurteile zu haben ist erlernt.

Das Denken war eigentlich als ein Werkzeug zum Lernen und Schaffen gedacht. Es wurde jedoch von unseren Gesellschaften hier manipuliert, als ein Mittel zur Kontrolle von Menschen, denen man nicht erlaubt, selbst zu denken; statt dessen werden sie so programmiert, daß sie in das Schema der Entwürfe und Organisationen der Herrschenden passen. Diese sind erfolgreich, da die meisten Leute in die Falle gehen. Die Falle besteht darin, daß man keine andere Wahl hat, als etwas Bestimmtes zu glauben oder bestimmte Verhaltensweisen anzunehmen, um von den Menschen in seinem Umfeld akzeptiert zu werden und zu ihnen zu passen. Man glaubt, ein Opfer der Umstände zu sein und diese Kontrolleinrichtungen zu brauchen, um hier existieren zu können. In gewisser Weise stimmt das vielleicht – und zwar aufgrund der Tatsache, daß Sie zu dieser Welt beitragen und sie stützen, indem Sie so denken, wie die Herrschenden dies wollen!

Wie können Sie da herauskommen? Es ist wirklich einfach. Fragen Sie sich selbst, was Sie wirklich glauben. Glauben Sie tatsächlich, daß bestimmte Seelen minderwertig sind, weil sie einen Körper in einer bestimmten Hautfarbe bewohnen? Machen ihre jeweiligen religiösen Vorstellungen sie wirklich gut oder schlecht? Wenn auch diese Menschen das Ergebnis der gesellschaftlichen Programmierung sind, sind sie dann nicht ebenfalls Opfer? Sie sind nur dann ein Opfer, wenn Sie die Wahrheiten der anderen als Ihre eigenen akzeptieren. Seien Sie kein Gewohnheitstier, das wie ein Roboter durchs Leben geht und die programmierten Botschaften wie ein Anrufbeantworter wiederholt. Wachen Sie auf! Treten Sie für sich selbst ein. Ändern Sie Ihren Standpunkt. Gestatten Sie sich, wirklich über das nachzudenken, was Sie glauben. Der Unterschied zwischen euch auf der Erde und uns auf der Venus ist der, daß wir nicht *glauben*, daß etwas wahr ist. Wir *wissen*, daß es so ist.

Was ist Realität? Realität ist nur der Blickwinkel oder die perspektivische Sicht auf jemanden oder etwas. Um dies zu verstehen, müssen Sie in der Lage sein, Ihren Standpunkt zu ändern, zu akzeptieren, daß jedes Individuum seinen eigenen Blickwinkel, seine eigene Auffassung von Realität hat.

Ein Beispiel: Betrachten Sie einen Stuhl. Für uns Menschen hat er die richtige Größe, um darauf zu sitzen. Für ein Insekt ist er sehr groß, und es kann lange dauern, bis es vom Bein auf den Sitz gekrabbelt ist. Für uns fühlt sich der Stuhl fest an, doch für ein Neutrino (ein Elementarteilchen sehr geringer Masse) besteht er nur aus einer Ansammlung von Atomen, und das Neutrino kann durch ihn hindurchgehen. Für uns sieht er ortsgebunden und unbewegt aus. Doch wenn Sie sich in einem Raumschiff im Weltall befinden, dreht sich der Stuhl mit dem Planeten. Menschen in anderen Ländern können den Stuhl nicht sehen. Und doch existiert er in Ihrer Realität. Ihre Sicht des Stuhls ist also relativ zu Ihrem Standpunkt. Das ist Ihre Realität, aber nicht die einzige Realität!

Wir müssen also lernen, andere Realitätssichten zu akzeptieren, und uns erlauben, in Begriffen zu denken, die nicht logisch erscheinen. Wir dürfen die Realitätsvorstellungen anderer nicht herausfordern, sondern müssen sie als deren Sichtweise von Realität akzeptieren. Wir alle können nur unseren eigenen Standpunkt erfahren. Jedes Individuum hat das Recht auf seinen eigenen Standpunkt bzw. auf seine eigene Erfahrung. Nun können Sie sehen, wie wir lernen können, unsere Perspektive oder Sichtweise zu ändern.

Als nächstes müssen wir lernen, wie man die Grenzen dessen überwindet, was wir glauben gelernt zu haben. Lernen ist ein nie endender Prozeß. Selbst wenn dieser vorübergehende Lebenszyklus beendet ist, lernen Sie immer noch auf anderen Ebenen, die jenseits Ihrer begrenzten menschlichen Vorstellungen liegen.

Denken Sie daran: Es gibt keine überlegenen Menschen, keine überlegene Kultur oder Religion, nur Entscheidungen, die wir treffen. Doch Ihnen wurde beigebracht, daß die eine Religion oder Rasse oder ein bestimmtes Land besser sei als andere. Dies sind geistige Vorstellungen, die in Wahrheit nicht existieren. Wenn ich jemanden sehe oder kennenlerne, sehe ich in ihm nicht einen schwarzen Christen oder einen weißen Katholiken etc. Ich sehe eine Seele, die einen physischen Körper bewohnt. Viele sind in ihren Vorstellungen von sich selbst gefangen. Wir befinden uns alle in einem Lernprozeß, und vieles von Ihrer Art und Weise zu denken entspricht den Vorstellungen anderer Leute, nicht Ihren eigenen. Viele von Ihnen haben diese Vorstellungen jedoch als ihre eigenen akzeptiert.

Denken Sie auch daran, daß Sie eine Menge Spannung und Konflikte in Ihrem Leben schaffen, wenn Sie diese Vorstellungen akzeptieren und glauben, daß es so etwas wie Überlegenheit gibt. Denn um überlegen zu sein, muß man bei anderen Fehler finden und sie für minderwertig halten. Daraus entstehen Konflikte und Unstimmigkeiten über Glaubensfragen. Doch wenn Sie die Dinge von der Seelenebene aus betrachten, wissen Sie, daß dies falsche Vorstellungen sind, nicht die Wahrheit. Die Wahrheit ist, daß was auch immer ein Individuum studiert oder womit es seine Bedürfnisse befriedigt, gut für es ist und daß es genauso wie Sie das Recht hat, für sich selbst zu entscheiden.

Es gibt so viele Lehren auf der Erde, weil es so viele Bewußtseinsebenen gibt. Jemand kann nur das finden, wozu er eine Beziehung hat oder was er entsprechend seines individuellen Bewußtseins versteht. Deshalb ist es für ihn richtig. Sie können Ihr Bewußtsein jedoch ändern, und dann werden Sie feststellen, daß Sie mit vielen Dingen, die Sie gelernt haben, nicht mehr zufrieden sind. Das ist Fortschritt!

Wenn Sie Ihr Bewußtsein erweitern, dann beginnen Sie, Antworten auf neue Fragen zu suchen. Doch viele werden nie Fortschritte erzielen, weil sie nur das glauben, was ihnen gesagt wurde, und sie fahren mit ihrem Leben fort, halten an dem Programm fest, das ihnen gegeben wurde – von Eltern, Lehrern und der Gesellschaft.

Wie Sie nun erfahren, ist es möglich, den Denkprozeß zu verändern. Wenn Sie alles sein wollen, wozu Sie geschaffen wurden, dann müssen Sie bereit sein, sich zu verändern und zu wachsen. Erkennen Sie, wenn Sie dazu in der Lage sind, daß was immer Sie denken oder sich vorstellen Realität ist. Wenn es noch nicht auf der physischen Ebene existiert, existiert es bereits auf einer der höheren Dimensionen.

Wir erleben heute Realitäten, von denen unsere Urgroßeltern sich keine Vorstellungen machen konnten, wie Computer, Kabelfernsehen, Satelliten, Raumfahrt. Einst existierte dies nur in Form von Möglichkeiten. Doch jemand wußte, daß es dies geben könnte, und weil er diese Dinge dachte und sie sich vorstellte, wurden diese Vorstellungen Wirklichkeit.

Die Macht, eure Welt zu ändern, liegt also in jedem einzelnen, es bedarf nur des Wunsches, es eintreten zu lassen. Die Zukunft liegt in Ihnen und in der Fähigkeit, sie durch Ihre Gedanken zu schaffen. Denken Sie daran, wohin Ihre Aufmerksamkeit geht, fließt auch die Energie. Wenn Sie Ihre Aufmerksamkeit auf negative Dinge richten, verstärken Sie diese mit Ihrer Energie. Sie müssen sich also bemühen, Ihre Energie und Ihre Gedanken bewußt auf das zu richten, was Sie sich wünschen.

Die meisten Leute wurden darauf programmiert, sich unbewußt auf das Negative zu konzentrieren. Aus diesem Grunde gibt es so viele Probleme innerhalb der Gesellschaften der Erde. Sie müssen den Denkprozeß ändern und sich selbst reprogrammieren, um Ihre Energie auf konstruktive und positive Weise einzusetzen.

Wir haben viele Fähigkeiten, die in uns schlummern, weil sie nie stimuliert oder genutzt wurden. Alle haben die Fähigkeit zur Telepathie, es sei denn, sie wird in Ihrer Gesellschaft nicht für etwas Normales gehalten, sondern als eine seltene Begabung betrachtet; tatsächlich glauben die meisten Leute, daß nur wenige solche Kräfte besitzen. In Wirklichkeit gibt es viele Fähigkeiten, mit denen Sie geschaffen wurden, doch sie können nicht angewandt werden, bis Sie wissen, daß das so ist.

Nun stellt sich die Frage: Wie kann ich aufhören zu *glauben* und lernen zu *wissen*? Ich füge am Ende dieses Kapitels ein Programm an, mit dem Sie all die Falschinformation ersetzen können. Doch denken Sie daran, es bedarf einer Willensanstrengung. Egal, wie viele wichtige Informationen Sie bekommen, sie sind nutzlos, solange Sie sie nicht in Ihrem täglichen Leben umsetzen. Die Wahl liegt also bei Ihnen. Fahren Sie fort, ein Roboter zu sein, oder seien Sie ein echtes Individuum, das in der Lage ist, zu denken und seine eigene Realität zu schaffen. Viel Glück!

Das Einfach-nur-sein-Programm

Ich bin in der Gegenwart, dem Jetzt. Alles ist vollkommen, ganz und ausgeglichen. Ich werde nicht mehr an alte Begrenzungen und Mängel glauben. Ich werde nicht mehr urteilen, sondern akzeptieren und verstehen. Ich werde sein, wie ich geschaffen wurde zu sein – vollkommen und ganz. Ich bin frei von der Vergangenheit, sie bestimmt mich nicht, sondern ich lerne aus ihr.

Ich öffne mich der Weisheit, die Teil dessen ist, das mich schuf, und Teil von mir ist – und in mir wohnt. Ich strebe vorwärts zum Neuen, vorwärts, um alte Muster loszulassen. Je mehr Groll ich loslasse, desto mehr kann ich Liebe empfangen und geben. Ich werde alles so lieben, wie ich mir wünsche, geliebt zu werden. Ich sehe mich selbst als ein besonderes, einzigartiges Wesen.

All meine Erfahrungen haben die Facetten des besonderen, unvergleichlichen Juwels geschaffen, das ich bin. Ich sehe mich als Seele und meinen Körper nur als ein Fahrzeug für diese Welt. Denn ich bin Teil des Schöpfers und der Energie, aus der ich kam. Jeden Tag kann ich so sein, wie ich will, und Gedanken denken, die erschaffen werden, was ich auswähle. Ich werde allen erlauben zu sein, was sie wählen. Ich werde bei allem, was ich tue, ausgeglichen sein. Ich werde kein Opfer von Umständen oder der Maßstäbe anderer sein, sondern Meister meines Schicksals. Ich werde ganz sein. Ich werde zur Größe dessen gelangen, was ich bin.*

---

* Dies ist die wörtliche Übersetzung der Durchgabe von Odin an Omnec Onec. Wenn Sie möchten, können Sie statt "ich werde" auch "ich will" sagen oder alles für sich im Präsens formulieren.

5

Die Funktion des ätherischen Körpers

Die ätherische ist die erste Dimension, die die Seele durchquert, wenn sie die rein geistigen Ebenen verläßt. Es ist die Grenzlinie zwischen dem Nichtmateriellen oder der reinen Energie und den materiellen Dimensionen. Der ätherische ist auch der erste Körper, den die Seele als Schutz in den niederen materiellen Welten, Ebenen oder Dimensionen annimmt. Und die ätherische Ebene ist auch die, die unsere Glaubensvorstellungen zum höchsten Wesen als Gott beherrscht. Sie ist unmittelbar für unsere Fähigkeit verantwortlich, uns selbst als Seele zu erkennen und uns unsere göttliche Verbindung mit dem Schöpfer verstehen zu lassen.

Alle Heiligen, spirituellen Führer und Meister beziehen ihre Energie aus dem Ätherischen. Es ist der direkte Kontakt der Seele zur Spiritualität. Es ermöglicht es uns, Gott zu kennen und an ihn zu glauben. Es ist eine wesentliche und nötige Verbindung zu unserer spirituellen Entwicklung. Von dort beziehen wir unseren Drang zu vertrauen und unsere letztliche Kraft, an die Macht Gottes zu glauben und sie schließlich zu erkennen, um sie fühlen und dazu benutzen zu können, andere zu überzeugen. Es ist die Verbindung der Seele zu den höheren Gotteswelten! Denn hier fließt alle spirituelle Energie von dem Ort, wo die Seele und alles, was ist, begann. Es ist unsere göttliche Verbindung zum Schöpfer. Alle Wunder, die Macht des Gebetes, der Heilung und des Willens, großartig zu sein, haben hier ihren Ursprung. Während wir dorthin zurückreisen, woher wir eigentlich kamen, mag uns die ätherische Dimension bereits als Endstation erscheinen. Doch sie ist es nicht.

Auf der Reise von der Quelle der Schöpfung hatten wir zu Anfang kein Wissen. Dann lernten wir, daß wir sind. Doch schließlich glaubten wir, es sei unser Ziel, die Quelle, die uns und alles, was es da gibt, schuf, nur zu verstehen. Das höchste Ziel ist es jedoch zu wissen, daß wir ein Teil dessen sind, das uns erschuf, dann zu dieser Quelle zurückzukehren und letztlich wieder eins mit dem Schöpfer zu werden. Dann ist die Reise vollendet.

Viel von diesem Wissen wird vergessen, wenn wir immer wieder in einem neuen Körper mit neuem Verstand inkarnieren und viel Zeit damit verbringen, uns daran anzupassen und zu lernen, unsere neuen Körper zu gebrauchen und unsere immer neuen Erfahrungen zu verstehen.

Deshalb also ist viel in den verschiedenen Teilen des Selbst gespeichert, das unserem Bewußtsein unzugänglich ist. Doch diese Selbstanteile erleben als Seele in den nichtmateriellen Welten vieles, von dem unser Bewußtsein sehr wenig weiß, so daß wir immer nach dem suchen, was bereits in uns ist.

Wenige Seelen reinkarnieren mit intaktem Wissen und vollständigen Erinnerungen an ihre Erfahrungen, nicht getrennt, sondern ganz und aller Dinge voll bewußt. Dies sind diejenigen, die nicht mehr in die physische Welt zurückkehren müssen, sich aber entscheiden, zu kommen und alles mit denjenigen zu teilen, die sich öffnen und die wissen wollen. Sie bringen die Wahrheit unserer

Schöpfung mit. Natürlich gibt es Menschen, die über diese Individuen lachen und sie lächerlich machen, und es ist schwer, diese Schwierigkeiten zu überwinden. Es bedarf Ausdauer und Stärke, denn es herrscht ein ständiger Kampf zwischen den negativen Kräften, die über die niederen Welten regieren, und denen, die Wahrheit und Licht bringen. Doch die meisten spüren in sich das tiefe Gefühl zu wissen, daß das, was wir bringen, wahr ist. Es ist das ätherische Selbst, das versucht, all die Erfahrungen des wahren Selbst wieder mit dem physischen Selbst zu verbinden, das hier wohnt.

Viele große spirituelle Wesen sind gekommen und gegangen und werden dies weiter tun, bis alle Seelen aufgeklärt sind und die Erde sich schließlich in den göttlichen Ort verwandelt, der sie sein sollte – ein Ort, an dem alle Wesen hier einander als Seele verstehen und akzeptieren und die Trennung ignorieren, die durch die Machtstrukturen hier geschaffen wurde, ebenso wie die Zeit eine menschengemachte Vorstellung ist, um seine Tage und Jahre hier aufzuteilen. In Wirklichkeit existiert sie nicht. Ihre Zeit hier in diesem Leben ist wie ein Sandkorn, da die Seele ewig ist und immer sein wird.

Es ist also enorm wichtig, daß Sie sich mit dem Ätherischen wieder verbinden, das sogenannte unbewußte Selbst überwinden und sich mit allem in Ihrem Inneren verbinden, so daß es keine Trennung mehr gibt.

6

Die Seele, das wahre Ich

In den letzten Kapiteln habe ich Ihnen immer wieder vor Augen geführt, daß Sie Seele sind. Für diejenigen, die unsere Vorstellungen von der Schöpfung der Seele nicht verstehen, habe ich ein einfaches Konzept, das ich Ihnen erklären will. Ich habe versucht, Ihnen zu helfen, all die Teile Ihres Selbst, von denen Sie wissen, zu verstehen – das Physische, Emotionale, Mentale, Kausale, Ätherische – und nun die Seele, Ihr wahres Ich. Es sind wichtige Teile eines Menschen, die Ihnen helfen, hier zurechtzukommen. Die Seele ist die Essenz, der Teil, der immer intakt bleibt und die Kontrolle behält, Leben für Leben. Selbst wenn Sie eine Verbindung zu allen lebenden Wesen haben, wurden Sie als ein Individuum geschaffen und werden dies immer bleiben, denn jede Seele hat ihre eigenen individuellen Erfahrungen, die sich von denen einer anderen immer unterscheiden werden.

Wenn wir lernen, unseren Standpunkt zu ändern und das Leben, die Erfahrungen und andere als Seele zu sehen, vom seelischen Standpunkt aus, haben wir die großartige Fähigkeit, Dinge als ein Ganzes, als nicht getrennt zu sehen – nicht aus der emotionalen, mentalen oder persönlichen Lebenssituation heraus, sondern mit einem umfassenderen Verständnis unserer selbst, einer größeren Akzeptanz und größerem Verständnis anderer Seelen als einzigartige Individuen, ohne Urteil oder Unmut, sondern mit Akzeptanz und Liebe, so wie es sein sollte.

Das folgende Beispiel veranschaulicht das Konzept der Schöpfung: Nehmen Sie eine Zentrifuge, die Materialien in großer Geschwindigkeit herumwirbelt. Dann werfen Sie in diese Zentrifuge Steine, Sand und Wasser, und Sie werden sehen, daß die Materialien anfangen, sich zu trennen. Die Steine, die schwerer sind, werden zum äußeren Rand der Zentrifuge fliegen, und wenn Sie in Richtung Zentrum schauen, sehen Sie immer weniger Materie – Sand, dann Wasser und schließlich in der Mitte nur noch Luft. Dies ist wie bei den Dimensionen. Das Material unserer physischen Welt könnte mit den Steinen verglichen werden, die am äußersten Rand liegen, und alle leichteren Materialien stellen die Dimensionen oberhalb oder jenseits der physischen dar. Das Zentrum, die Luft, steht für die rein spirituelle oder nicht-materielle Dimension. Es könnte mit den Gottesebenen oder dem Ort der Schöpfung verglichen werden.

Alle Energie dreht sich in einer Spiralform, sogar Galaxien. Dies ist das Geheimnis der Schöpfung. Die Energie bildet einen Wirbel um alle lebenden Dinge und erzeugt somit deren eigenes Magnetfeld. Insofern ist jedes lebendige Ding einem Planeten nicht unähnlich, da es seinen eigenen Energiewirbel besitzt. Der Schöpfer ist kein Wesen, sondern eine große intelligente Masse aus der stärksten Energie und mit unvorstellbarem Wissen. Um sicherzustellen, daß er nie zu existieren aufhören würde, zeugte er aus sich selbst heraus all die Universen, Galaxien, Lebensformen und Seelen, die in einem nie endenden Zyklus aus Entwicklung und Erneuerung fortbestehen.

Wir als Seelen sind Teil dieses Plans, zu erschaffen, zu wachsen, uns kontinuierlich Wissen und Macht anzueignen und immer allmächtig und allgegenwärtig zu sein, ohne Ende, denn es gibt kein Ende der Schöpfung oder

der Evolution von Seelen. Wir sind und werden ewig wie eine Spirale von dem ausfließen, das uns schuf, um zu lernen, zu wachsen, mächtig zu werden und schließlich zurückzukehren und erneut ein Teil dieser Macht zu werden, die uns schuf, nur bereichert um das Wissen und die Erfahrung, die uns zu Beginn unserer Reise fehlten. Wir werden also immer ein Teil dessen sein, das uns schuf, und deshalb müssen wir schließlich lernen zu erschaffen, was wir uns wünschen – zum Besten von allem, von dem wir ein Teil sind.

Als die Seele anfangs geschaffen wurde, bestand sie nur aus reiner Energie, aus Licht, das nicht wußte, daß es existierte. So trat die Seele ihre Reise an, aus dem Zentrum der Schöpfung abwärts – durch das Ätherische, das Mentale, das Kausale, das Astrale und – der erste Stop: das Physische. Denken Sie daran: Das Ätherische ermöglicht es der Seele, sich zu erinnern und ihre spirituelle Verbindung zu spüren, das Kausale, die Erfahrungen der Seele in allen Dimensionen zu speichern, das Mentale, denken, aufnehmen und kommunizieren zu können, das Astrale, zu fühlen, dann das Physische, all diese Funktionen zu erfahren, um aus jeder Inkarnation zu lernen.

Auf ihrer Reise ist die Seele durch jeweils einen Körper aus jeder der zuvor erwähnten Dimensionen umhüllt und geschützt. Wie wundervoll und großartig es ist zu sein!

Als die Seele anfangs auf die physische Ebene kam, kam sie nicht in der menschlichen Form, oh nein, es tut mir leid, Sie zu enttäuschen. Es gibt einen Evolutionszyklus, der eingehalten werden muß, wie dies alle lebenden Dinge tun. Selbst Planeten durchlaufen Evolutionszyklen, wie Sie vielleicht in meinem Buch "Ich kam von der Venus" gelesen haben.

Als die Seele anfangs auf der physischer Ebene ankam, auf welchem Planeten und in welchem System auch immer, ging sie zunächst in den Zustand des Seins und Erfahrens als Mineral ein – ja, Mineral – den mineralischen Existenzzustand. Die Seele muß einmal jedes Mineral auf jedem Planeten in jedem Sonnensystem sein und in jedem Dasein einem Zweck dienen, ehe sie fortschreiten kann. Was? Ich kann hören, wie Sie schlucken. Was für ein schwerer Schlag für das Ego, ein niederes Mineral zu sein! Nun, die Seele muß alles sein, um alles verstehen zu können.

Erfahrung ist die einzige wahre Lehrerin. Setzen Sie Ihre Vorstellungskraft ein. Was für Erfahrungen kann ein Mineral machen? Was für einen Zweck kann ein Mineral haben? Nun, es gibt zum Beispiel Mineralien im Wasser – für Pflanzen, Tiere, Menschen. Ferner werden Mineralien in Form von Steinen für Häuser, als Werkzeug, als Schmuck verwendet. Phantastisch! Es gibt viele Möglichkeiten, die wir als die großen Menschen, die wir jetzt sind, übersehen! Eine Seele verbringt also mehrere Tausend Jahre damit, immer wieder und wieder in verschiedenen Mineralzuständen zu inkarnieren und auf die Möglichkeit zu warten, einen Zweck zu erfüllen, denn ihre Existenz muß eine Bedeutung haben. Ich weiß, auf der einen Seite ist es erschreckend, auf der anderen Seite amüsant. Tatsächlich ist es recht hilfreich.

Schließlich, nachdem Sie als Seele all die Möglichkeiten als Mineral ausgeschöpft haben, steigen Sie auf in den Pflanzenzustand. Nun durchlaufen Sie dieselbe Prozedur, indem Sie jede Pflanze verkörpern und alle möglichen oder vorstellbaren Zwecke auf jedem Planeten, überall, erfüllen. Ist es nicht herrlich herauszufinden, wie gigantisch unsere Geschichte in Wirklichkeit ist!

Wenn wiederum keine weiteren Möglichkeiten als Pflanze mehr übrig sind, inkarnieren Sie als Tier. Wie wunderbar! Natürlich müssen Sie als wildes und als domestiziertes Tier leben, als Nahrung oder der Ästhetik dienen. Sie müssen alles sein – Insekt, Fisch, Vogel, Säugetier – genau wie zuvor überall innerhalb der bekannten und unbekannten Universen oder Galaxien.

Danach werden Sie endlich der wunderbare Mensch – manchmal auch ein nicht so wunderbarer. Denn wie zuvor müssen Sie alles sein, was Menschen sein können, alle Rassen, Geschlechter, Mentalitäten oder Behinderungen verkörpern. Das heißt, Sie müssen bösartig sein, ein Mörder, ein Behinderter, ein Genie, ein Musiker, Künstler und so weiter; dies sind Sie gewesen oder werden Sie sein. Sind Sie der Idee schon überdrüssig?

Nun, seien Sie nicht entmutigt. Heute sind die meisten von Ihnen das meiste davon schon gewesen, sonst wären Sie nicht entwickelt genug, dies zu lesen oder sich dafür zu interessieren. Fühlen Sie sich dadurch besser? Ich hoffe es, denn egal, was Sie erlebt haben oder gewesen sind, Sie sind immer noch eine Seele.

Zwischen all diesen Leben, die den Geist schwindeln machen, und ehe die Seele in jedem neuen Zyklus ihres gewählten Schicksals wiedergeboren wird, erfährt sie eine Ruhephase in einem speziellen Teil des Astralreiches, wo ältere Seelen sich um sie kümmern, die sich dies als ihre besondere Mission ausgesucht haben, nachdem ihre physischen Inkarnationen abgeschlossen sind. Diese engelhaften Wesen kümmern sich um die Seele und helfen ihr, ihr neues zukünftiges Leben auszuwählen und sich darauf einzustellen. Es ist wie eine Pflegestation für Seelen, in der sich die Seele vom vorherigen Lebenszyklus erholt und sich auf den nächsten vorbereitet. Es ist ein

Ort der Genesung und Erholung, die ihnen durch die Liebe und Hingabe dieser speziellen Fürsorger verschafft wird.

Ich bin gekommen, um es Ihnen bereits hier und jetzt leichter zu machen, denn je mehr Sie jetzt lernen, desto weniger müssen Sie durchmachen.

Wie Sie nun erfahren haben, ist es eher kompliziert, ein Mensch zu sein, denn Sie bilden Familien und knüpfen gelegentlich Beziehungen – persönlicher Art oder auf beruflichen Kontakten beruhend –, die Sie vielleicht mögen oder nicht mögen. Doch Sie können dies niemandem zum Vorwurf machen, denn Sie haben einen freien Willen und somit Wahlmöglichkeiten. Leider aber treffen Sie viele Entscheidungen aus Verwirrung oder dem Gefühl des Müssens heraus, hauptsächlich deshalb, weil Sie nicht richtig informiert oder falsch informiert waren.

Genau darum habe ich dieses Buch geschrieben, um Ihnen zu helfen. Wenn Ihnen nun der Kopf schwirrt, machen Sie eine Pause, meditieren Sie, rauchen Sie eine Zigarette, trinken Sie etwas, machen Sie einen Spaziergang oder was auch immer Sie tun, um sich zu entspannen. Es ist sehr schwer für den kleinen Teil des menschlichen Gehirns, der Ihnen hier auf Erden zu gebrauchen erlaubt war, derartige Informationen aufzunehmen. Zwar wurde mir beigebracht, mehr vom Gehirn zu benutzen als Sie, doch auch ich brauche jetzt eine Pause.

All dies fällt Ihnen vielleicht schwer zu verstehen, wenn Sie dieses Buch nur aus Neugier zur Hand genommen haben, ohne mein anderes Buch und weitere Texte gelesen oder eines meiner Seminare besucht zu haben. Doch ich versuche wirklich, es einfach und verständlich zu machen. Vieles von dem, was ich hier schreibe, habe ich aus Erfahrung in meinem Leben hier während der letzten 40

Jahre gelernt, und zum Teil wurde es mir vor meinem Leben auf der Erde beigebracht.

Jetzt haben Sie eine Vorstellung davon, was es bedeutet, eine Seele zu sein, wie wir es alle sind. Es ist sehr wichtig, dies nie zu vergessen und sich bis zum Ende Ihres Lebens hier daran zu erinnern. Dies gibt Ihnen die Gelegenheit, schneller voranzukommen. Ich hoffe, es hilft Ihnen auch, sich selbst auf allen Ebenen zu verstehen, wie es sein sollte, so daß Sie einen größeren Blickwinkel einnehmen und helfen können, mit Ihrer eigenen Gegenwart und Macht die Welt so zu gestalten, wie sie sein sollte – mit Raum und Akzeptanz für alle Seelen in allen Formen. Wenn wir erkennen, daß wir all diese verschiedenen Lebensformen gewesen sind, sollten wir dann nicht größeres Mitgefühl und Liebe für alle Dinge, die da sind, empfinden? Sollten wir nicht jede Seele lieben und akzeptieren und sie für ihre individuellen Existenzkämpfe respektieren? Sollten wir nicht denen helfen, die von den Informationen, die sie erhalten, verwirrt sind? Ist es nicht unsere Pflicht als diejenigen, die mehr wissen, dieses Wissen mit denen zu teilen und denen zu helfen, die herumlaufen und anderen schreckliche Ungerechtigkeit zufügen? Mit Wissen kommt auch die Verantwortung für unser Verhalten und Tun. Denn wenn wir etwas besser wissen, sollten wir besser sein. Es gibt weder Gutes noch Böses, nur Ignoranz.

Doch das Wissen sollte nicht dazu benutzt werden, sich überlegen zu fühlen, sondern nur dazu aufzuklären, und wir sollten unserem Schöpfer stets dankbar dafür sein, daß er uns erlaubt zu wissen, was wahr und richtig ist. Das heißt es, Seele zu sein, das wahre Ich!

7

Karma

Karma wird wahrscheinlich häufig mißverstanden. Viele betrachten Karma als eine Strafe für vergangene oder heutige Taten. In Wirklichkeit kann Karma aus positiven oder schwierigen Erfahrungen bestehen. Karma kann auch eine Belohnung für positive Taten oder Handlungen sein. Es hängt alles von der Seele, dem Bewußtsein, den Erfahrungen und der Verantwortung jeder besonderen Seele ab.

Der Grad des Bewußtseins und das Ausmaß an Verantwortung, die jemand für seine eigenen Handlungen und Beziehungen übernimmt, hat viel mit der Menge Karma zu tun, die jemand anhäuft, sei es negativ oder positiv. Dies ist der Grund, warum ich in diesem Buch und bei meinen Begegnungen mit einzelnen Menschen immer wieder auf die Bedeutung dessen hinweise, den eigenen Anteil bei Mißverständnissen und verworrenen Situationen mit Familienmitgliedern, geliebten Menschen und bloßen Bekannten zu erkennen. Je klarer, harmonischer und ausgeglichener wir unsere Beziehungen halten, desto weniger Verhaftungen und Bindungen haben wir zu anderen Seelen. Dies vermeidet unnötiges Karma oder unnötige Lektionen. Je umsichtiger wir heute sind, desto schneller können wir uns weiterentwickeln, denn dann kommt es nicht dazu, daß wir Erfahrungen, aus denen wir noch nicht gelernt oder für die wir noch keine Verantwortung übernommen haben, wiederholen müssen.

Grundlegendes Karma wird nicht nur auf der physischen Ebene angesammelt, sondern auch in den anderen Dimensionen. Dies ist für die Entwicklung jeder Seele und für ihre Interaktion mit anderen Seelen nötig. Wir tragen deshalb grundlegendes Karma mit uns herum, damit es uns leichter fällt, Ziele zu erreichen und zu lernen.

Unnötiges Karma ist etwas anderes als grundlegendes Karma. Es wird oder wurde in vergangenen und gegenwärtigen Lebenssituationen durch Verhaftetsein in emotionalen Situationen geschaffen und dadurch, daß wir nicht erkennen, wie wichtig es ist, ungeklärte Beziehungen in diesem Leben zu bereinigen. Eine unerledigte Angelegenheit endet nicht mit der Existenz unseres speziellen Körpers in irgendeinem Lebenszyklus. Sie muß entweder durch Wiedergeburt im Physischen – mit wem auch immer – geklärt werden oder in einer anderen Dimension, wo man der Seele oder den Seelen begegnet, mit denen man noch etwas zu klären hat.

Es gibt ferner gutes Karma, das man für selbstlose Fürsorge und Taten erntet. Gutes Karma kann man durch Opfer erlangen, sei es emotionaler, mentaler oder physischer Art etc. Doch man darf dieses Opfer nicht bringen, um dafür belohnt zu werden, sondern es muß aus einer echten selbstlosen Haltung heraus geschehen. Wenn ein Lebenszyklus endet, kann das gute Karma in anderen Dimensionen oder in einer zukünftigen physischen Inkarnation erfahren werden.

Der schwierige Teil besteht darin, stets auf seine Beziehungen zu achten und sie ausgeglichen und frei von traumatischen, ungelösten Situationen zu halten, ferner, nicht zu egoistisch zu werden, sich nicht zu sehr an Menschen und materielle Dinge zu binden oder sich irgendwie überlegen zu fühlen. Denn alle Erfahrungen dienen Ihrem

Wohl und dem Lernen, nicht dazu, andere herabzusetzen oder zu beherrschen. In Wirklichkeit gibt es vom Standpunkt der Seele her das Negative und Positive nicht. Alle Erfahrungen sind relativ und wichtig für den Ausgleich und die Vervollkommnung der Seele.

Ich habe das Beispiel des grundlegenden Karmas – negativ und positiv – verwendet, um Ihnen verstehen zu helfen, daß Karma keine äußere Bestrafung ist, sondern eher das Ergebnis Ihrer individuellen Entscheidungen und Ihrer Verwicklung mit anderen Seelen bei Ihrer Reise von der Schöpfung in die physischen Existenzen. Es wirkt auch in den anderen Dimensionen, im Falle, daß Sie nicht länger Teil des Physischen sein müssen. Doch es hängt alles von Ihnen ab, von Ihren Entscheidungen und davon, wie viel Sie lernen, vollbringen und vor allem von der Verantwortung, die Sie in diesen Lebenszyklen und in diesen Erfahrungen übernehmen.

Karma ist also nur das Ergebnis von Ursache und Wirkung. Sie wollen immer nur die Ursache sein, nicht die Wirkung.

Die Gesetze der Höchsten Gottheit

Es gibt sieben grundlegende Gesetze und sieben göttliche Gesetze der Höchsten Gottheit.

Die sieben grundlegenden Gesetze sind:

1. Wissen, daß wir ein Teil des Schöpfers sind.
2. Dankbar für die Erfahrung des Seins sein.
3. Alle Wesen nicht beurteilen, sondern akzeptieren.
4. Wissen, daß wir als alle Lebensformen existiert haben.
5. Unsere Verantwortlichkeiten in jedem Lebenszyklus erfüllen.
6. Die Gesetze der Natur und der Gesellschaften, in denen wir leben, befolgen.
7. Aus Fehlern lernen, um alte Lektionen nicht wiederholen zu müssen.

Die sieben göttlichen Gesetze sind:

1. Alle Geschöpfe lieben.
2. Unsere Energie einsetzen, um unsere Welten zu unterstützen.
3. Wissen und Weisheit mit anderen teilen.
4. Die Gleichheit aller Seelen verstehen.
5. Niemals Macht mißbrauchen, um zu manipulieren oder zu kontrollieren.
6. Wissen, daß die Seele unsterblich ist.
7. Dem einen Göttlichen Wesen täglich danken.

Diese Gesetze haben seit Anfang der Schöpfung existiert. Wenn jemand gemäß der Gesetze der Höchsten Gottheit lebt, sie kennt und sich an sie erinnert, ist es möglich, viel Karma zu überwinden und einen weitreichenden Überblick über sich selbst in Beziehung zu allem Sein zu haben. Anders als menschengemachte Regeln gelten die Gesetze der Höchsten Gottheit nicht nur für beschränkte Lehren oder Gesellschaften, sondern umfassen alle Lebensexistenzen, und sie stehen nicht im Widerspruch zu irgendeinem gesellschaftlichen oder religiösen Glauben.

Diese Gesetze ermöglichen individuelle Entscheidungen und Freiheit, wo auch immer die Seele sich zu irgendeiner Zeit befindet. Die Seele kann immer noch an den Lehren oder Gesetzen gewählter spiritueller Wege oder Gesellschaften festhalten.

Die Gesetze der Höchsten Gottheit helfen einem auch, Fortschritte zu machen, indem man andere Lebewesen so akzeptiert, wie sie sind, statt über sie zu urteilen, und sie so vom Seelenstandpunkt aus besser versteht, wie der Höchste Schöpfer dies vorsieht und uns allen zu existieren gewährt.

8

Meditation

Meditation wird heute in einen Topf mit esoterischen und New-Age-Vorstellungen geworfen. Das Gegenteil ist wahr. Sie ist sehr alt und universell bekannt. Sie ist eine der ältesten Praktiken und mußte doch wieder neu eingeführt werden, weil die vorherrschenden religiösen Organisationen ihre Anwendung in der Vergangenheit verdammten. Sie wurde mit heidnischen Lehren und okkulten Praktiken verbunden. In Wirklichkeit wurde sie praktiziert, um sich auf das innere Selbst zu konzentrieren und die anderen Dimensionen zu schauen, die nicht mit dem Physischen verknüpft sind.

Meditation stellt einen Weg dar, sich auf die Energiequelle einzustimmen, die allem, was ist, Lebenskraft gibt, um sich ihrer bewußt und ein Teil von ihr zu werden, um in der Lage zu sein, die Kräfte, die bereits in und um einen selbst existieren, zu lenken und zu kontrollieren.

Wir sind nicht die Opfer von Umständen, wie die, die uns beherrschen möchten, uns weismachen wollen. Wir haben die Wahl, die Schöpfer unseres Schicksals zu sein. Als Seele haben wir freien Willen über jede Erfahrung und alles, dem wir auf der Reise durch unsere vielen Inkarnationen begegnen. Seien Sie also kein Opfer der Umstände, sondern Meister Ihres Schicksals!

Meditationstechniken

Es gibt viele Meditationstechniken. Da Sie einzigartig und individuell sind, müssen Sie Erfahrungen sammeln und herausfinden, was Ihnen gut tut und für Sie funktioniert. Die Sufis wirbeln so schnell herum, bis der physische Körper zusammenbricht und man glaubt, daß die Seele, sich spiralförmig drehend, weggeschickt wird. Da gibt es den Yogi, der eine bestimmte Sitzposition mit überkreuzten Beinen einnimmt. Doch Sie können ruhig auf dem Rücken liegen oder bequem auf einem Stuhl sitzen. Ich glaube, es ist wichtig, eine möglichst bequeme Position einzunehmen, so daß Sie keinen Krampf bekommen oder ein Teil Ihres Körpers sich unwohl fühlt. Der Rücken sollte gerade, aber nicht steif sein. Die Hände sollten sich berühren oder gefaltet sein, wobei sich die Daumen berühren. Auch die Füße sollten sich berühren, oder kreuzen Sie die Beine, wenn Sie liegen. Dies erzeugt einen Kanal, durch den der Fluß der Energie geleitet wird. Sie fließt direkt vom Kronenchakra* zu den Füßen und dann im und am Körper entlang und durch die Hände. Durch die Berührung all dieser Körperteile kann die Energie einen Wirbel um das physische Selbst herum erzeugen. Sie können sich natürlich, falls gewünscht, auch auf ein bestimmtes Chakra* konzentrieren.

Sie sollten Ihre Aufmerksamkeit auf die Region unmittelbar über und zwischen den Augen richten, als ob dort ein Bildschirm wäre. Fokussieren Sie mit dem Geist, nicht mit den physischen Augen. Sie sollten vorher stets drei

---

* In Kapitel 10 gehe ich u.a. auf Chakras und auch auf Mantras noch ausführlicher ein.

61

tiefe, reinigende Atemzüge nehmen, um die Spannung zu lösen und den Körper von negativer Energie zu befreien. Es ist auch hilfreich, sanfte Musik zu spielen und sich darauf zu konzentrieren, nachdem Sie Ihr ausgewähltes Mantra (siehe Kapitel 10) wiederholt haben. Es sind viele CDs und Audiokassetten zur Meditation erhältlich.

Nehmen Sie sich stets zehn bis dreißig Minuten Zeit, in der Sie nicht unterbrochen werden und Ruhe haben. Auch Ohrstöpsel sind hilfreich. Sie können zu jeder beliebigen Zeit meditieren, auch wenn Sie im Bett liegen und sich auf den Schlaf vorbereiten. Wenn Sie einschlafen, ist das in Ordnung, da die meisten von uns in den anderen Dimensionen lernen, während sie im Traumzustand sind.

Erfahrungen

Die Erfahrungen bei der Meditation sind subtil. Sie müssen die Sinne in den Zustand versetzen, reagieren zu können, und das Unterbewußtsein muß programmiert werden. Um die Erfahrungen auf die physischen, mentalen und emotionalen Erfahrungen abzustimmen, müssen Sie sich selbst immer wieder sagen, daß Sie sich an alles erinnern wollen, was Sie erlebt, gesehen oder gehört haben. Bitten Sie außerdem stets Ihren geistigen Beschützer oder Geistführer sicherzustellen, daß Sie nicht von unerwünschten körperlosen Wesen heimgesucht werden.

Achten Sie auf Lichter, Muster, Klänge oder eine Veränderung der Gefühle. Stellen Sie keine Erwartungen, lernen Sie, einfach nur zu erfahren und zu akzeptieren. Entspannen Sie sich und genießen Sie. Vergleichen Sie Ihr Erlebnis nicht mit dem von jemand anders. Sie sind ein Individuum und müssen Ihre eigenen Erfahrungen machen. Seien Sie experimentierfreudig und probieren Sie verschiedene Techniken aus. Sie erfinden vielleicht sogar Ihre eigene Methode!

Einige Menschen finden in der Betrachtung der Natur eine Quelle der Inspiration und eine Art von Meditation. Andere halten das Tanzen für einen Weg. Sie müssen sich selbst kennenlernen und herausfinden, was Sie inspiriert. Meditation bedeutet, die Aufmerksamkeit in eine Richtung zu fokussieren und alles aufzunehmen, was Sie physisch, emotional, mental und spirituell von dem gewählten Objekt Ihrer Konzentration aufnehmen können. Sie können auch bloß einen Stern betrachten, eine Kerze, einen Kristall, einen Fluß, den Himmel – sogar eine andere Person. Lernen Sie, einfach zu sein, seien Sie frei zu erleben, was Sie erleben können.

Kreative Übung

Für diese Übung verdunkeln Sie am besten den Raum. Legen Sie sich aufs Bett oder sitzen Sie in Meditationshaltung. Nehmen Sie drei tiefe Atemzüge, entspannen Sie sich. Es muß sehr still sein, so daß Sie nicht von äußeren Einflüssen abgelenkt werden. Ohrstöpsel sind mitunter hilfreich.

Visualisieren Sie zunächst diese Erde, all ihre Bewohner, die Meere, Wälder, Felder, Städte. Stellen Sie sich vor, ein Teil davon zu sein. Spüren Sie das Leben und die Aktivität um Sie herum – Stimmen, Verkehr, Lärm.

Nun entfernen Sie all die Gebäude und menschengemachten Gebilde. Sehen Sie nur die Natur und alle belebten Dinge. Fokussieren Sie dies für einen Moment. Dann nehmen Sie alle lebenden Wesen weg – bis auf sich selbst. Sehen Sie, wie still und ruhig alles ist. Sogar der Wind hört auf zu wehen. Lauschen Sie der Stille.

Jetzt nehmen Sie alle Dinge auf der Oberfläche der Erde weg. Sie sehen nun nur einen Ball, keine Farbe, kein Leben, keine Bewegung. Im Raum schwebend, sind Sie immer noch da und schauen ihn an. Nehmen Sie nun den Planeten weg und lassen Sie nur sich selbst übrig. Sie sind im Weltraum, ohne etwas um Sie herum. Spüren Sie, wie seltsam es ist, das einzige existierende Ding zu sein, mit dem Nichts überall um Sie herum.

Versuchen Sie nun zu visualisieren, daß Sie verschwinden und nicht existieren. Jetzt ist da nichts. Dies sollte Ihnen ein sehr unheimliches Gefühl vermitteln. Es ist auch sehr schwer, nichts zu visualisieren. Sie sollten nun zurückkehren und die Erleichterung spüren, Teil aller Schöpfung zu sein, die existiert und die zu schaffen Sie geholfen haben.

9

Die Technik der Seelenreise

Während die sogenannte Astralprojektion die Erfahrung auf die Astraldimension beschränkt, ermöglicht die Seelenreise es der Seele, sich vorübergehend ganz von der physischen Existenz zu trennen. Astralprojektion bedeutet, den physischen Körper im Astralkörper zu verlassen, der über die sogenannte Silberschnur mit dem physischen Körper verbunden ist. Anders als diese befähigt die Seelenreise Sie, den physischen Körper ohne die Verbindung der Silberschnur zu verlassen. Sie reisen mit Licht und Klang und haben Zugang zu jeder gewünschten Dimension, auf der Sie Wissen erlangen oder eine Erfahrung zum Wohle der Seele machen können, während Sie noch im Physischen existieren.

Im nächsten Kapitel habe ich Ihnen die Mantras für jede bestehende Dimension einschließlich der physischen zur Verfügung gestellt. Jede Dimension besteht eigentlich aus vielen Unterabteilungen, die zu erkennen und zu verstehen viele Jahre des Studiums erfordern würde und über die ich ein ganzes Buch schreiben könnte. Paul Twitchell, der Gründer von Eckankar, hat dies in zahlreichen einzelnen Lektionen beschrieben. Seine Bücher sind erhältlich, auch auf deutsch.

Ich habe die verschiedenen Ebenen zur Vereinfachung und damit sie in unser geschäftiges Leben passen, ohne an Essenz zu verlieren, zusammengefaßt. Über Tausende von Jahren hinweg waren dies geheime Lehren, die von vielen ausgewählten spirituellen Meistern aus vielen Welten und Kulturen gelehrt wurden. Sie sind uralt, älter als die Erde. Sie wurden hierher gebracht und in die Obhut alter Meister der spirituellen Hierarchie gelegt, auf daß sie immer existieren und nicht der Kontrolle derer anheimfallen, die sie aus selbstsüchtigen Gründen manipulieren oder vor dem allgemeinen Volk versteckt halten wollen.

Anfang der 1940er und 1950er Jahre entstanden die Pläne, diese Lehren für die Massen verfügbar zu machen, da bekannt war, daß das Bewußtsein der Menschen sich änderte und das Neue Zeitalter näherrückte. Dies ist heute auch Teil meiner Mission, zusammen mit vielen anderen Lehrern von heute, auf daß die Wahrheit die Oberhand über die negativen Mächte erlange, die mit Angst als Werkzeug zur Manipulation die Seelen beherrschen. Zumindest hat nun jede Seele wieder einmal die Wahl!

Der erste Schritt besteht natürlich darin zu erkennen, daß Sie Seele sind, nicht der physische Körper oder Verstand. Der zweite Schritt ist der, von den verschiedenen Dimensionen zu wissen und die Mantras für jede einzelne zu kennen. Der dritte Schritt setzt voraus, täglich zu meditieren. Doch am allerwichtigsten ist der Wunsch, Erfahrungen zu machen, ohne Angst davor zu haben!

Natürlich müssen Sie sich eine Zeit aussuchen, in der Sie mindestens dreißig Minuten oder länger nicht durch physischen Lärm oder anderweitig gestört werden. Schließen Sie die Augen und bringen Sie sich in eine bequeme Position – entweder Sie sitzen gerade auf einem Stuhl oder auf dem Boden oder liegen entspannt im Bett. Sie müssen den Geist von Gedanken reinigen und sich auf das innere Selbst konzentrieren. Seien Sie sich des Herzschlages bewußt und atmen Sie langsam und rhythmisch. Entspannen Sie den ganzen physischen Körper, befreien Sie sich von Spannungen – seien sie mentaler, emotionaler oder physischer Natur.

Sehen Sie sich selbst dabei zu, wie Sie all diese Spannungen zusammenpacken und in das Meer aus Licht werfen. Wenn es so sein soll, werden sie wiederkehren. Es ist vorteilhaft, wenn Sie sich in einem gedämpft erleuchteten oder abgedunkelten Raum befinden, so daß die Bilder im Inneren nicht gestört werden. Sie müssen entscheiden, wohin Sie reisen wollen und aus welchem Grund, dann wählen Sie das Mantra für diese Dimension (siehe nächstes Kapitel). Wiederholen Sie anschließend das Mantra laut sechs bis neunmal, atmen Sie ein, singen bzw. chanten Sie beim Ausatmen das entsprechende Mantra, solange es der Atem erlaubt, und lassen Sie sich vom Klang einhüllen.

Bitten Sie Ihren spirituellen Führer um Schutz. Halten Sie nach einem Punkt aus blau-weißem Licht Ausschau. Achten Sie auch auf andere Farben oder Bilder und lassen Sie sich in das hineinziehen, was Sie gerade sehen. Achten Sie ferner auf einen hohen Ton – ein Pfeifen oder Summen oder ein feines Rauschen im Inneren der Ohren. Achten Sie auf jedes Prickeln oder sonstige Empfindungen. Manchmal fühlt es sich an, als ob der Kopf oder der Bereich des dritten Auges sich öffnen würde. Folgen Sie jedem Licht oder Bild. Konzentrieren Sie sich darauf und *werden* Sie zu diesem Licht oder Bild. Es mag zunächst subtil sein, wird sich aber bei täglicher Übung intensivieren.

Wenn Sie zurückkehren und sich an alles erinnern, schreiben Sie es auf, egal wie unbedeutend es auch erscheinen mag. Wenn Sie das Gefühl haben, einzuschlummern oder einzuschlafen, ist dies ganz normal. Dies geschieht, wenn man nicht bereit ist, die Erfahrung bewußt anzunehmen, doch es wird sich ändern, wenn man sich daran gewöhnt und übt. Schließlich wird sich das Unterbewußtsein wieder mit dem Bewußtsein verbinden, und die Verbindung wird bestehen bleiben. Sie muß durch Übung erneuert werden, ähnlich einem Elektrogerät, das herumgelegen hat und in dem sich auf den Schaltverbindungen Staub angesammelt hat. Dieser muß erst abgebrannt werden, um den Schaltkreis zu erneuern. So ist es auch mit den inneren Verbindungen jedes Wesens! Es wird mit Übung besser – lassen Sie sich nicht entmutigen. Ausdauer und Geduld zahlen sich aus!

Das Mantra Hu ist gut für Anfänger, da es machtvoll ist und alle Dimensionen umfaßt. Sie können auch vor dem Schlafengehen üben. Viel Glück und angenehme Reisen!

10

Mantras und ihr Nutzen

Dies ist eine Einführung in das venusische Verständnis der verschiedenen Dimensionen, ihrer entsprechenden Farben, Klänge und Mantras, die die Schwingungen dieser Dimensionen repräsentieren; erklärt wird auch, wozu sie für uns hier auf der physischen Ebene gut sind. Sie sind wesentlich für die Ausübung der Seelenreise, wie ich sie im letzten Kapitel beschrieben habe.

Auf den folgenden Seiten finden Sie eine Liste mit den Merkmalen und Vorzügen jeder Dimension. Ich persönlich fand dies sehr hilfreich. Ich hoffe, es gefällt auch Ihnen und Sie arbeiten damit!

Die Bedeutung von Mantras und Chakras

Ein Mantra besteht aus besonderen alten Worten oder Klängen, die von spirituell aufgestiegenen Meistern der physischen oder nicht-physischen Ebenen ausgewählt wurden. Es sind machtvolle Worte oder Klänge. Wenn sie in besonderer Atemtechnik und in Konzentration auf das spirituelle Selbst wiederholt werden, haben diese Mantras die Macht, Energien zu erzeugen, die in Relation zu bestimmten Dimensionen stehen.

Mantras können die Seele zum Zwecke der inneren Erfahrung in nicht-physische Dimensionen versetzen und sich auch vorteilhaft auf das physische, mentale und emotionale Selbst auswirken, da sie helfen, die physische Existenz zu transzendieren und Verwirrung in Ruhe, Frieden und Verständnis umzuwandeln. Durch das Singen oder Chanten von Mantras fühlt man sich auch deshalb besser, weil diese spirituellen Reiche die wahre Heimat und der Geburtsort der Seele sind. Man kann diese Erfahrungen dann über die Seele mit ins Physische zurückbringen und hat damit eine ausgeglichenere und klarere Wahrnehmung von sich und den Erfahrungen, denen man begegnet.

Mantras sind gewöhnlich Bestandteil von Meditationen und werden mit Konzentration gechantet.

Chakras sind Punkte an verschiedenen Stellen des physischen Körpers, die den Energien anderer Dimensionen entsprechen und sie in den Teil des Körpers leiten, der auf diese bestimmte Energie abgestimmt ist. An den Chakrapunkten sitzen auch die endokrinen Drüsen. Durch die Chakren strömt nicht nur Energie herein, sondern sie dienen auch als Auslaßventil für verbrauchte Energie. Auf diese Weise können die nicht-physischen Körper auf die Erfahrungen während der Meditation oder anderer anregender Situationen reagieren. Die Chakren ermöglichen es uns, mit den anderen Dimensionen in Verbindung zu bleiben, sei es bewußt oder unbewußt. Durch Meditation wird man sich des Energieflusses durch diese Bereiche bewußt und kann ihn gezielt leiten.

Mantra für die physische Dimension

ALAYA ist das Mantra, das die physische Dimension repräsentiert, und es steht in spirituellem Einklang mit den spezifischen Schwingungen der physischen Ebene. Es wird "Ah-lah-ja" ausgesprochen und sollte mindestens dreimal sehr langsam wiederholt werden, während man die Farbe Grün visualisiert, die das Physische symbolisiert.

Der vorherrschende Klang ist der von Donner und Trommeln. Er repräsentiert die grundlegende Schwingung des Physischen. Dieses Mantra ist gut, um bei körperlich anstrengenden Tätigkeiten einen Ausgleich von Energie und Stärke zu schaffen, der nötig ist, um das physische Selbst zu kräftigen.

Mantra für die Astraldimension

KALA ist das Mantra, das die Astraldimension repräsentiert. Laut gechantet, verhilft es dazu, von der physischen Ebene aus Erfahrungen in der Astraldimension zu machen. Es wird "Kah-lah" ausgesprochen und sollte mindestens viermal sehr langsam wiederholt werden, während man die Farbe Rosa visualisiert, die Farbe des Astralen. Der Klang, der im Astralen vorherrscht, ist das Rauschen des Meeres. Dieses Mantra ist gut, um den Emotionalkörper auszugleichen und zu harmonisieren. Wenn Sie sich in einem sehr angespanntem Gefühlszustand befinden oder Schwierigkeiten haben, die Gefühle zu beherrschen, wirkt sich das Chanten dieses Mantra je nach den Gefühlen auf jeden einzelnen unterschiedlich aus. Es kann Sie zum Weinen bringen oder dazu, sich glücklich zu fühlen – beides ist gut, um Ihre Gefühle auszugleichen.

Mantra für die Kausaldimension

AUM ist das Mantra für die Kausalebene, auf der die Erfahrungen der Seele gespeichert sind. Es ist deshalb gut, um aus seinem Unterbewußtsein die Erinnerungen an frühere Leben hervorzuholen. Es wird "A-oh-um" ausgesprochen und sollte mindestens fünfmal langsam wiederholt werden. Die Farbe des Kausalen ist Purpur oder Violett, und der Klang ist der von klingelnden Glöckchen.

Mantra für die Mentaldimension

MANA ist das Mantra für die Mentalebene. Es wird "Mahnah" ausgesprochen und sollte mindestens sechsmal langsam wiederholt werden, während man die Farbe Blau visualisiert, die diese Dimension repräsentiert. Der Klang ist der von fließendem oder rieselndem Wasser. Dieses Mantra ist gut, um den Denkprozeß zu stimulieren, für diejenigen, die mit dem Computer oder der Schreibmaschine oder wissenschaftlich arbeiten. Es wirkt sich ausgleichend und harmonisierend auf den Denkprozeß aus. Es kann Verwirrung und Streß beseitigen, die aus dem Mentalprozeß herrühren.

Mantra für die ätherische Dimension

BAJU ist das Mantra für die ätherische Ebene. Auf dieser nimmt die Seele nach ihrer Erschaffung ihre erste Schale oder ihren ersten Körper an und tritt ihre abwärtsspiralige Reise in die niederen Dimensionen und ihre Unterabteilungen an – die negativen und positiven Ebenen oder Dimensionen. Das Mantra für diese Ebene ist gut zur Inspiration und bei kreativer Arbeit, da die ätherische Ebene der Seele am nächsten ist. Es wird "Bah-ju" ausgesprochen und sollte langsam mindestens siebenmal wiederholt werden. Die Farbe Gold sollte visualisiert werden, da sie das Ätherische repräsentiert. Der Klang dieser Dimension ist ein Summgeräusch oder wie das summender Bienen. Es kann ein tiefes Summen sein. Es stimuliert die kreative Energie.

Mantra für die Seelendimension

SHANTI ist das Mantra für die Seelendimension. Es wird "Schahn-tie" ausgesprochen und sollte langsam mindestens achtmal wiederholt werden. Die Farbe für die Seelendimension ist ein blasses Gelb. Der Klang ist der von starkem Wind. Dieses Mantra ist gut, um all die zuvor erwähnten Körper zu harmonisieren und ein sehr friedliches und zufriedenes Gefühl zu erzeugen. Es hilft außerdem, physische Verletzungen, Gefühlskrisen, Geisteskrankheit, Depression oder Probleme in irgendeinem Funktionsbereich zu heilen.

Mantra für die Anami-Lok- (göttliche) Dimension

HU ist das Mantra für die Dimension, die "Leere der Schöpfung" genannt wird, wo all die Energie ist, die alles schuf, was es gibt, und von der alle Seelen ausfließen. Es ist das Zentrum der Schöpfung. Das Mantra wird "Hih-juh" ausgesprochen und sollte mindestens neunmal wiederholt werden. Die entsprechende Farbe ist Weiß, der Klang ist Musik aus dem Universum, die nicht in Worten beschreibbar ist. Das Mantra HU ist gut für spirituelle Erleuchtung, hilft, das Bewußtsein zu erhöhen, und verändert den Blickwinkel eines Individuums. Es korrespondiert mit dem, wo wir alle unseren Anfang nahmen und wohin wir mit all unserem Wissen zurückzukehren streben.

Jedes dieser Mantras hebt die Schwingung der Seele auf die Ebene der Dimension an, die es repräsentiert, und ermöglicht, dort einen Lernprozeß zu durchlaufen.

Hier noch einmal eine tabellarische Zusammenfassung der einzelnen Dimensionen und ihrer entsprechenden Mantras, Klänge und Farben*:

Dimension	Mantra	Geräusch	Farbe
Physisch	ALAYA	Donner/Gewitter	Grün
Astral	KALA	Meeresrauschen	Rosa/Pink
Kausal	AUM (OM)	Klingeln von Glöckchen	Violett/Purpur
Mental	MANA	Fließen von Wasser	Blau
Ätherisch	BAJU	Summen von Bienen	Gold
Seele	SHANTI	Starker Wind	Blaßgelb
Anami Lok (Göttlich)	HU	Musik aus dem Universum (nicht in Worten beschreibbar)	Weiß

* Auf der Doppel-Musik-CD *Message from Venus* von Omnec Onec ist eine Meditationsreise durch die verschiedenen Dimensionen mit den oben genannten Mantras enthalten. Sie ist beim Omega-Verlag oder über den Buch- und Musikhandel erhältlich.

11

Verfahren zur Heilung und Selbstheilung

Sie müssen wissen, daß Sie als göttliches Wesen die Kraft haben, sich selbst zu heilen. Es ist auch wesentlich besser, sich selbst zu heilen, als zu versuchen, andere zu heilen. Wir sollten andere stets lieben und umhegen, doch man braucht die Erlaubnis, andere zu heilen, und muß sich bewußt sein, daß ein Zustand manchmal karmisch bedingt ist oder eine Lernerfahrung für diese bestimmte Seele sein soll. Es müssen also Vorkehrungen getroffen werden, ehe man versucht, andere Menschen zu heilen, um nicht irgendwelche geistigen Gesetze zu brechen. Man sollte sich außerdem darüber im klaren sein, daß man die Krankheit dabei auf sich selbst ziehen könnte, da es sich um eine Energie handelt, die anderswohin übertragen werden muß. Deshalb ist es wichtig zu verstehen, daß wir nicht die Macht haben, solche Entscheidungen zu treffen. Es gibt die Gesetze der Höchsten Gottheit, denen zufolge jede einzelne Seele sich alle Erfahrungen, die sie durchmacht, vor diesem Leben selbst ausgesucht hat!

Wenn Sie sich Sorgen um jemanden machen, um den Sie sich kümmern und der krank ist, dann müssen Sie sich an die unten stehende Prozedur halten, um sicherzugehen, daß Sie beschützt sind und keine nötige Erfahrung wegnehmen. Denken Sie daran, dieses Leben ist vergänglich, und die Seele ist ewig und unsterblich. Gewöhnlich sind die schmerzhaftesten und schwersten Erfahrungen die, die fürs Lernen am wertvollsten sind.

Wenn Sie anderen helfen wollen, müssen Sie es zuerst mit ihnen besprechen, um sicher zu sein, daß es nicht gegen deren speziellen Glauben verstößt. Sie wollen sich ja nicht in die persönlichen Entscheidungen von jemandem einmischen. Dann müssen Sie ihnen sagen, daß, wenn sie nicht geheilt werden, es der Wille der höchsten Macht ist. Wenn sie geheilt werden, bedeutet dies, daß es keine nötige Erfahrung war, und wenn sie nicht geheilt werden, dann liegt für sie in der Erfahrung eine Lektion.

Die Heilungsprozedur kann in der Gegenwart des Kranken oder aber aus der Ferne durchgeführt werden. Zeit und Entfernung spielen für die göttlichen Kräfte keine Rolle. Wenn Sie die Heilung in Gegenwart des zu Heilenden durchführen, soll er oder sie liegen, wobei die Füße sich berühren oder kreuzen; die Augen sind geschlossen, die Aufmerksamkeit des Geistes richtet sich auf die Region des dritten Auges, als ob dort im Inneren des Kopfes ein Fernsehbildschirm wäre. Er oder sie sollte drei tiefe Atemzüge nehmen und sich entspannen. Sie sitzen gerade und entspannt auf einem Stuhl daneben, Ihre Füße berühren sich, Ihre Hände sind gefaltet. Sie nehmen ebenfalls drei tiefe Atemzüge und konzentrieren sich auf die Region des dritten Auges.

Nun stellen Sie sich das Gesicht dieser Person in einem Schneeball vor. Dann visualisieren Sie sich selbst, wie Sie diesen Ball nehmen und ihn in das Meer der Liebe und der Gnade werfen. Es ist ein Strom aus blau-weißer Energie – der Energie fortgeschrittener Seelen und aufgestiegener Meister. Sie fließt aus dem Gotteszentrum durch alle Dimensionen und Universen. Sie stellen sich vor, wie der Schneeball von diesem Strom absorbiert und ein Teil von ihm wird. Dann sagen Sie:

"Im Namen des Göttlichen Schöpfers bitte ich darum, daß diese Krankheit hinweggenommen wird, wenn es so sein soll. Wir akzeptieren deine göttliche Entscheidung, wie auch immer sie ausfällt. Ich danke allem, was ist. Baraka Bashad."

Dann sind Sie fertig. Sie können dieselbe Prozedur sogar Tausende von Kilometern vom Kranken entfernt durchführen, solange Sie es zuvor mit der Person besprochen haben. Sie können es nachts im Bett tun, ehe Sie einschlafen. Lassen Sie die Person nur wissen, wann Sie es tun werden, so daß sie zu dieser Zeit entspannt und empfänglich sein kann; auch deren Fähigkeit, die Energie selbst auf sich zu ziehen, ist wichtig. Wir müssen uns immer bewußt sein, daß wir diese Energie, die ein Teil von uns ist, nutzen dürfen, daß aber nicht wir es sind, die heilen. Es ist eine Kombination aus unserem Wissen, daß es möglich ist, und daraus, daß wir die Energie lenken. Doch wenn das Ego sich einmischt und der einzelne sich diese Tat selbst zugute hält, dann wird es gefährlich, denn dann ist es eine Art von Manipulation der göttlichen Energiequelle. Wir müssen die große Quelle, die die Energie erzeugt, stets anerkennen und dankbar für die Fähigkeit sein, sie nutzen und lenken zu dürfen, doch wir dürfen niemals sagen, daß *wir* die Heilung durchführen.

Um sich selbst zu heilen, muß man dieselbe Prozedur einhalten, nur visualisieren wir in dem Schneeball unsere eigene Krankheit. Am besten ist es zu liegen, da man dann entspannter und konzentrierter ist.

Eine andere Methode ist die, das Gesicht der betreffenden Person oder das eigene zu visualisieren, es in pure

blau-weiße Energie einzuhüllen und um Schutz für diese
Person oder uns selbst zu bitten; wichtig ist es jedenfalls,
dem Individuum stets Liebe zuzusenden und sich selbst
in dieselbe Lichtenergie schützend eingehüllt zu sehen.
Versuchen Sie, die warme Energie zu spüren, wenn Sie
durch und um Sie herum fließt. Je mehr Sie sich auf sie
konzentrieren, desto stärker wird sie. Doch man muß
zweifelsfrei wissen, daß es so ist.

Vor jeder Meditation oder Heilung ist es immer gut, seinen besonderen spirituellen Führer oder Beschützer zu
rufen, damit er Sie vor unerwünschten Wesen schützt,
auf daß diese sich nicht an Sie heften und Sie für ihre
Begierden mißbrauchen. Solche Erfahrungen in Fällen so-
genannter Besessenheit wurden von einzelnen bezeugt
und dokumentiert. Dies sind unglückliche Vorfälle, die
auftreten, wenn jemand versucht, ohne rechtes Verständnis oder entsprechenden Schutz mit okkulten und übersinnlichen Phänomenen zu experimentieren. Es kann
eine verheerende, wenn nicht sogar vernichtende Erfahrung sein, die zu einem unnötigen Ende einer anders ge-
planten Lebenserfahrung führt, was einen dazu nötigt,
wiedergeboren zu werden und bestimmte Lektionen un-
nötigerweise noch einmal durchzumachen.

Viele Wesen erleiden bei Ihrer Suche nach spiritueller
Erleuchtung Schiffbruch, wenn sie mit solch gefährlichen
Erfahrungen experimentieren. Die meisten von uns sind
jedoch bereits durch diese Prüfungen hindurchgegangen
und meiden solche Dinge aufgrund einer tiefen Furcht,
die aus der Vergangenheit herrührt, und wissen, daß wir
dies bereits erfahren haben und nicht in der Lage sind
oder nicht wünschen, diese Dinge noch einmal zu erleben. Sobald die Seele eine bestimmte Lektion einmal erlebt oder gelernt hat, meidet sie aus der Erinnerung her-

aus solche Erfahrungen, weil sie kein Verlangen spürt, sie zu wiederholen. Manchmal jedoch gehen Menschen aufgrund von Unaufmerksamkeit und weil sie nicht auf ihre Intuition achten, die zur Vorsicht mahnt, in diese Falle. Nehmen Sie sich stets die Zeit, sich selbst zu fragen, *warum* Sie jemanden oder sich selbst heilen wollen, überprüfen Sie, ob es wirklich der Liebe und dem Wunsch zu helfen entspringt und Sie dies nicht aus einem Bedürfnis nach Anerkennung oder einem Leistungsdenken heraus tun wollen. Denken Sie daran, in Harmonie und Ausgleich zu leben; sich der individuellen Verantwortung für Ihr Leben zu stellen ist bereits eine sehr große Leistung. Sich dieser Energie bewußt zu sein und sie richtig anzuwenden, ohne geistige Gesetze zu brechen oder sich selbst und andere zu gefährden, ist wichtig und ebenfalls eine große Leistung. Es ist ein großer Schritt auf Ihrem Weg des Daseins, alle und sich selbst als einen Teil des Schöpfers zu lieben, so wie der Schöpfer Sie aus Liebe erschuf.

12

Energie spüren, lenken und täglich gebrauchen

Alles, was existiert, besteht aus unterschiedlich schwingender Energie. In den materiellen Welten bewegt sich Energie langsamer und wird dichter oder fester. Je höher man über das Physische hinausgeht, desto schneller schwingt die Energie. Darum ist es schwierig, diese Energien im physischen Körper wahrzunehmen. Sie liegen für gewöhnlich jenseits des Wahrnehmungsbereichs unserer menschlichen Augen und Ohren. Nur gelegentlich sind wir als Seele vielleicht sensibel für sie. Wann immer Sie die hohen Töne in Ihren Ohren hören oder ein Pfeifen oder Summen, ist es der Klang der anderen Dimensionen, die durch die Chakras einfließen. Man hört den Ton in seinem Inneren, wenn die Verbindung zu dem entsprechenden spirituellen Körper hergestellt wird, der dieser bestimmten Dimension angehört.

Wenn jemand zum Beispiel meditiert, das Mantra für eine bestimmte Dimension wiederholt und sich auf die Farbe und den Klang konzentriert, die diese Dimension repräsentieren, kann er durch diesen Körper den Klang der Dimension hören – sei es die astrale, kausale, mentale, ätherische oder die Seelenebene.

Innerhalb Ihres physischen Selbst liegen all diese anderen Körper, die die Seele auf ihrer Reise aus der Dimension, in der sie erschaffen wurde, annahm. Als sie diese Ebenen oder Dimensionen durchquerte, nahm sie zu ihrem Schutz eine Schale oder einen Körper an. Da die Seele reine Energie ist, kann sie in den niederen Dimensionen ohne einen entsprechenden Körper, der aus derselben Energie wie die jeweilige Dimension besteht, nicht existieren. Innerhalb des Physischen gibt es also viele andere Energiekörper.

Der physische Körper besteht aus derselben Energie wie alle Dinge in der physischen Landschaft. Er ist also ein Fahrzeug und ein Schutz für die anderen Körper und für die Seele. Wenn die Seele die physische Ebene verläßt, läßt sie auch den physischen Körper in der physischen Dimension zurück, und während sie höher reist, läßt sie auf jeder Dimension die Schale oder den Körper der jeweiligen Ebene zurück. Sie nimmt diese Körper nur dann wieder an, wenn sie wieder in diese Dimensionen eintritt, falls es erforderlich ist.

Wenn Sie einen Propeller oder Ventilatorflügel betrachten, ehe Sie den Motor anschalten, der die Bewegung antreibt, sehen die Flügel fest aus, doch wenn die Bewegungsenergie zunimmt und die Flügel sich schneller bewegen, werden sie unsichtbar. Wenn also Energie zunimmt, geht sie in eine andere Existenzform über.

Nun ist die Energie, die alles Leben durchströmt und es fördert, der Schöpfer oder Gott, wie ihn die meisten hier kennen. Wir sind als Seele alle Teil dieses Schöpfers und Seiner Schöpfung. Wir alle haben einen göttlichen Anfang und Sinn in unserer Existenz. Wir werden auf die physische Ebene geschickt, um alles zu lernen und zu erfahren, was eine Seele nur lernen und erfahren kann. In dem Stadium, in dem wir nicht verstehen oder wissen, daß wir Seele sind, besteht ein Teil des Wachstums darin,

81

dies zu erkennen und selbst zu einem Schöpfer zu werden. In Wahrheit rufen wir ja unser Schicksal selbst hervor und suchen uns unser Leben aus, ehe wir in die physische Ebene hineingeboren werden, und dann verbringen wir viel Zeit damit, gegen unsere Lektionen anzukämpfen. Wenn Sie lernen, das, was auch immer geschieht, zu akzeptieren und durchzumachen, sind Sie auf Ihrem Weg, schneller zu lernen und ein höheres Verständnis von sich und dem Leben zu erreichen.

Nun, die Energie zu spüren und zu lenken ist einfach. Wie alles andere auch bedarf es nur der Übung. Setzen Sie sich mit geradem Rücken hin, Füße zusammen, um die beste Verbindung zwischen sich, der Erde und ihrer Energie herzustellen und die Energie aus dem Kosmos fließen zu lassen. Nehmen Sie stets drei tiefe Atemzüge, um die Spannung in Ihren Muskeln loszulassen. Schließen Sie diesmal Ihre Augen nicht. Falten Sie die Hände wie zum Gebet, etwa acht Zentimeter vom Körper entfernt und in der Mitte der Brustregion. Halten Sie sie fest zusammengepreßt, bis Sie Wärme spüren. Sie können sie auch etwa siebenmal aneinanderreiben, bis sie warm werden. Wenn Sie spüren, daß beide Hände warm werden, entfernen Sie sie langsam etwa zehn Zentimeter voneinander und beugen die Finger beider Hände leicht zueinander. Richten Sie Ihre Aufmerksamkeit auf Ihre Hände und nehmen Sie ein leichtes elektrisierendes Prickeln zwischen ihnen war, das von den Fingerspitzen aus vor und zurück springt. Nun führen Sie eine Hand langsam herunter, dann die andere. Sie bewegen jede Hand langsam auf und nieder und können dabei die Veränderung der Energie spüren.

Sie können es auch mit einem Freund ausprobieren. Wenn Sie beide wie zuvor jeder für sich Ihre Hände voneinander entfernt haben und Sie Ihre eigene Energie spüren, drehen Sie die Hände dem Partner zu, ohne daß sie sich berühren. Sie dürfen die anderen Finger nicht berühren, es muß ein Abstand von mindestens drei bis vier Zentimetern bleiben. Ziehen Sie die Hände langsam auseinander und spüren Sie, wie die Energie sich verstärkt, wenn Sie sie wieder zusammenbringen. Diese Energie fließt durch uns und um uns herum, und wenn unsere Chakras geöffnet sind, fließt sie stärker ein. Natürlich hat Bewußtheit eine Menge damit zu tun. Die Energie ist da, wird aber nicht wahrgenommen. Der Schlüssel zu ihrer Nutzung liegt darin zu wissen, daß sie da ist und sie mit seinen Gedanken zu lenken. Je mehr Sie die Energie nutzen, desto stärker wird sie. Manchmal spüren Sie vielleicht, wie Ihre Hände heiß werden, dann wissen Sie, daß dort ein starker Energiefluß stattfindet.

Wenn Sie meditieren, ziehen Sie willentlich Energie an, und sie wird intensiver, wenn Sie die Mantras wiederholen. Meditation ist eine Art von spiritueller Reinigung all der Körper, wenn die Energie in die verschmutzten Regionen fließt und verbrauchte Energie ausströmt, um erneuert zu werden.

Jedes Lebewesen hat sein eigenes Energiefeld. Wenn Sie draußen in der Natur sind, versuchen Sie, die Energie in Ihren Händen aufzubauen, halten Sie die Hände dann nahe an Bäume, Steine und Pflanzen. Stellen Sie fest, ob Sie die Energie spüren können. Wenn Sie Ihre Schuhe ausziehen, können Sie außerdem von der kraftvollen Energie der Erde selbst erneuert werden. Haben Sie schon einmal eine Mondstrahlendusche bei Vollmond genommen? Auch er erzeugt seine eigene besondere Energie.

Geübte oder sensitive Menschen können Energie als Aura sehen. Probieren Sie es einmal mit einem Freund! Lassen Sie ihn auf einem Stuhl vor einer nackten weißen

Wand Platz nehmen. Starren Sie ihn nun indirekt an, ohne wirklich zu fokussieren. Nehmen Sie auch die Wand um ihn herum wahr. Sie werden allmählich schwach seinen leuchtenden Umriß sehen. Je mehr Sie üben, desto klarer wird es, und selbst Farben werden auftreten!

Es ist wichtig zu versuchen, Ihre Aufmerksamkeit auf positive Dinge zu richten und Negativität nicht durch Ihre Energie zu verstärken. Denken Sie daran: Wo Ihre Aufmerksamkeit hingeht, fließt auch die Energie hin. Richten Sie Ihre Aufmerksamkeit also nicht auf Dinge, die Sie stören oder Ihre Gefühle in Aufruhr versetzen. Konzentrieren Sie sich auf gute und konstruktive Erlebnisse. Wenn Sie sich Sorgen machen, krank zu werden, oder sich vor einem Krieg oder sonst etwas fürchten, verstärken Sie es und verursachen vielleicht, daß es eintritt. Segnen Sie stets die kriegsgeplagten Orte. Seien Sie sich immer bewußt, daß das Gute siegen wird, und sehen Sie nicht Verhängnis und Negativität voraus. Ich weiß, wenn mich etwas stört und ich ihm Beachtung schenke, scheint es schlimmer zu werden, doch wenn ich meine Aufmerksamkeit einfach auf etwas anderes richte, kümmert es mich nicht. Lenken Sie also einfach Ihre Aufmerksamkeit und Energie ab. Dann setzten Sie Ihre Energie auf konstruktive und positive Weise ein. Denn dann übernehmen Sie Ihren Anteil daran, eine bessere Welt für sich und andere zu schaffen!

Operation Peace

Nachstehend gebe ich Ihnen ein Beispiel dafür, wie jeder, der möchte, seine Energie einsetzen kann, um verschiedene Krisensituationen auf der Erde positiv zu beeinflussen. Diese Idee wurde mir von meinen spirituellen Meistern und von der Bruderschaft der Planeten vorgeschlagen. Es ist ein Weg, wie jeder einzelne zusammen mit anderen seine Energie einsetzen und so eine mächtige vereinte Kraft schaffen kann. In einem bestimmten Seminar im Jahre 1995 mit Teilnehmern aus ganz Europa, darunter auch Kinder, wurde dafür der Mittwoch als Wochentag festgelegt. Seitdem wurde Operation Peace auf all meinen Seminaren eingeführt, es entstanden auch Poster, T-Shirts und verschiedene Kunstwerke aus dieser Idee. Sie wird unter dem Stichwort Venusier oder Venus auch auf meiner Internet-Homepage beschrieben.

Ich lade Sie herzlich ein, an Operation Peace teilzunehmen, um Ihre individuelle Energie zu konzentrieren, gemeinsam mit Menschen aller Glaubensrichtungen diese verschiedenen Energien zu vereinigen und damit eine geistige, vereinte Kraft zu formen. Weil wir alle eine Super-Energiequelle in uns haben, sind wir alle ein direkter Kanal der Universalen Quelle. Jeder für sich und doch zusammen *eine* ganze Kraft, können wir Krieg in Frieden verwandeln und eine ganze und ungetrennte Welt miteinander teilen. Wir haben bei der Konzentration der Energie auch die Kooperation von der "Spirituellen Hierarchie" und der "Bruderschaft der Planeten" von ihren Ebenen aus.

Alle, die gerne das Licht verbreiten und ein Teil von Operation Peace sein möchten, können mitmachen, indem sie an jedem Mittwoch zu irgendeiner Stunde des Tages durch Meditation, Gebet oder auf ihre eigene individuelle Art und Weise Energie senden. Lernen Sie, sich auf diese Kraft zu konzentrieren, und gebrauchen Sie sie, um sie zur Heilung der Erde einzusetzen. Seien Sie *eine* Kraft – *eine* Ursache, *eine* Idee – für ein ausgeglicheneres Dasein des Lebens.

Nachfolgend ein paar Mantras, die Ihnen helfen werden, Ihre Energie zu verstärken.

Energieschub für jeden Tag

Stellen Sie sich vor ein Fenster mit dem Gesicht zum Licht. Schließen Sie die Augen und nehmen Sie einen tiefen Atemzug. Atmen Sie aus, als ob Sie alle negative Energie aus sich herauszwingen würden.

Dann nehmen Sie einen weiteren tiefen Atemzug, und wenn Sie einatmen, visualisieren Sie, wie Sie durch alle Chakras und besonders durch das Kronenchakra Lichtenergie einsaugen.

Spüren Sie die Kraft der Energie. Das ist Ihre Lebenskraft, die Sie mit allen lebenden Dingen verbindet und die aus der einen unendlichen Kraftquelle heraus geschaffen wurden. Sie ist unbegrenzt. Nehmen Sie also soviel auf, wie Sie möchten, Sie müssen sehen, wie Sie in Sie hineinströmt und um Sie herum fließt.

Visualisieren Sie in Ihrer Körpermitte, dem Solarplexus, einen roten Alarmknopf. Stellen Sie sich vor, daß er durch diese Energie ausgelöst wird. Er beginnt zu glühen, und bald glühen Sie, nun von Energie erfüllt. Die Energie ist in Aktion! Jetzt können Sie alles vollbringen, was Sie wollen, und für jeden um Sie herum ein leuchtendes Beispiel sein.

Öffnen Sie nun Ihre Augen, danken Sie dem Leben und allem, was es bieten kann, und seien Sie selbst eine starke Kraft.

Song Mantra

May the long time sunshine find me ,
all love surround me,
may the pure light within me
find its way out!

Gesangsmantra

Möge die ewige Sonne mich finden,
alle Liebe mich umgeben.
Möge das reine Licht in mir
seinen Weg nach außen finden.
(*Dies kann man überall singen.*)

Vision süßer Träume

Wenn Sie sich auf den Schlaf einstimmen und Ihre Augen schließen, sagen Sie zu sich selbst:
"Ich bin umgeben von Licht, beschützt von Licht und wandle im Licht. Gott ist das Licht. Ich bin das Licht."
Visualisieren Sie dann, wie dieses Licht Sie und Ihre Lieben umfließt und beschützt. Mit diesem warmen Licht in Ihnen und um Sie herum schlafen Sie friedlich ein und haben angenehme Träume.

13

Venusische Zeremonien und Rituale

Alle nachfolgenden Zeremonien und Rituale werden auf der Astralebene mental durchgeführt, da wir keine physische Sprache benötigen. Ich habe sie in eine physische Sprache übertragen, die Ihrem Verständnis und Ihren Vorstellungen entspricht.

Die Rituale werden durchgeführt, um Gefühle innerhalb verschiedener Beziehungen zu symbolisieren und auszutauschen. Sie sind dazu da, die Gefühle bestimmter Erfahrungen zu würdigen, die man mit jemandem oder mit mehreren Menschen teilen möchte. Sie repräsentieren unser Verständnis von Beziehungen und verschiedenen Erfahrungen, die eine Seele macht, wie Liebe, Bindung, Ehre und sogar das Hinübergehen oder den Tod, wie Sie ihn kennen oder verstehen.

Auf der Venus war ich für diese Rituale noch zu jung. Ich habe sie später von meinem Onkel Odin erfahren und habe nun die Erlaubnis erhalten, sie zu veröffentlichen.

Venusische Segnungszeremonie

Wenn Sie sich mit anderen Menschen aus einem sprituellen Anlaß zusammenfinden – einem Seminar, einer Gruppenmeditation, einem Essen etc. –, können Sie den folgenden Segensspruch sprechen:

"Unser Höchster Schöpfer, wir danken Dir für die Energie, die durch uns fließt und uns erhält. (Wenn auch Essen und Getränke gereicht werden, fügen Sie hier die folgenden Sätze ein: "Segne die Seelen, die ihren Zweck erfüllt haben, als Nahrung für unsere physischen Fahrzeuge zu dienen und um uns mit der Energie zu versorgen, die wir brauchen, um dich am besten zu repräsentieren. Ich danke dir für den Gastgeber, der diese Speise mit Liebe zubereitet hat und sie mit uns teilt.") Mögen wir alle dankbar sein, als Repräsentant für dich zu dienen, und fortfahren, Liebe zu geben, so wie du uns freigebig liebst. Mögen wir alle die verschiedenen Wege akzeptieren, die wir gewählt haben, um auf unsere gewählte Weise zu dienen. Seid alle gesegnet, ich danke euch allen, ... (sagen Sie hier *Ihren* Namen)."

Venusisches Liebesritual

Folgendes wird für das Liebesritual benötigt:

– ein Raum, der zu dieser Zeit für keinen anderen Zweck gebraucht wird; die Energie muß gewahrt werden.
– eine Flasche besonderen Weins, den Sie zusammen mit Ihrem Partner ausgesucht haben.
– 2 Weingläser
– parfümiertes Körperöl, das gemeinsam ausgesucht wurde.
– je eine besondere, duftende Blume, die jeder von beiden für den anderen auswählt
– je eine besondere Kerze, die jeder von beiden für den anderen auswählt, Form und Farbe nach individueller Wahl.
– Räucherstäbchen mit einem besonderen Duft, die jeder von beiden für den anderen auswählt

Die Blumen werden im dem für das Ritual vorbereiteten Raum in einer Vase aufbewahrt, ebenfalls dort aufbewahrt werden der Wein, Musik und zwei Sitzkissen. Baden Sie, ehe Sie den Raum betreten. Benutzen Sie Parfüm oder Duftwasser. Außer dem Paar, das das Liebesritual durchführen will, darf niemand anders den Raum betreten.

Das Ritual:

Zunächst ist es wichtig, daß die beiden Partner ein tiefes Verständnis füreinander auf allen Ebenen haben, wissen, daß sie Seele sind und daß sie schon zuvor Erfahrungen miteinander geteilt haben, daß sie die Eigenschaft der bedingungslosen Liebe verstehen, einer nicht-persönlichen Liebe, die der Schöpfer allen lebenden Dingen gegeben hat – die Liebe, die alles, was ist, erhält.

Liebe ist unbegrenzt und existiert über die Grenzen aller Seinsformen hinaus. Ebenso wie die Liebe keine Grenzen kennt, müssen wir unsere Energie über diese vorübergehende physische Existenz hinaus ausdehnen. Dieses Ritual ist ein Weg, diese Energie zu erfahren und sie mit einem besonderen Menschen zu teilen. Es muß als ein ernsthafter und sehr tiefer Liebesaustausch verstanden werden.

Wesentlich leichter ist dies auf der Astralebene, wo es die Beschränkungen des physischen Körpers nicht gibt. Doch die Energie kann auch hier in der physischen Ebene erfahren werden. Ich habe die Information übertragen und die entsprechenden Schritte aufgeschrieben, um Ihnen zu helfen, Ihr physisches Selbst zu sensibilisieren, denn es geht hier um eine sehr subtile, aber tiefe Erfahrung.

Zunächst muß es natürlich zwischen beiden Partnern eine Vereinbarung geben und die Bereitschaft bestehen, die einzelnen Schritte gemeinsam zu befolgen. Das Ritual bedarf einer Vorbereitung von drei Tagen. Sie müssen diesen Text gemeinsam durchlesen, so daß eine Verständnisebene erreicht wird. Wenn sie ihn am ersten Abend durchgelesen haben, müssen Sie anschließend gemeinsam eine dreißigminütige Meditation durchführen:

Visualisieren Sie all die Qualitäten des anderen, indem Sie die Person sehen, sie lieben und ganz in sich aufnehmen.

Nach der Meditation sehen Sie sich an, schauen sich tief in die Augen, halten Ihre Hände und spüren die Energie und Liebe füreinander. Manchmal können auch Erlebnisse aus früheren Leben aufsteigen; Gefühle, die auftauchen, müssen einander mitgeteilt werden.

Dann knien Sie voreinander, schauen sich an und halten jeder die Hände des anderen. Sie sagen – zuerst die Frau, dann der Mann:

"Bei Om Notia Zedia (Gesetze der Höchsten Gottheit), ich, (Ihr Name), gehe bereitwillig und liebevoll an diese Vorbereitung heran, um meine Liebesenergie mit dir zu teilen."

Anschließend umarmen Sie sich, halten einander fest und flüstern sich zu:

"Amual San Tumal" – was bedeutet: "Ich teile die Essenz meiner Liebesenergie mit dir, so daß wir das Wesen des anderen wahrhaft fühlen und ganz in uns aufnehmen können."

Dies ist der erste Schritt der Vorbereitung.

Am nächsten Tag muß gefastet werden – nur Obst, Fruchtsaft, Kräutertee. Jeder von Ihnen muß für den anderen eine besondere Blume, einen besonderen Duft und eine Kerze auswählen. Sie können diese Dinge zusammen oder getrennt kaufen. Wählen Sie alles sorgfältig und mit

Bedeutung aus – sogar die Farbe der Kerzen und Blumen muß einen Sinn und eine Bedeutung haben. Dann kaufen Sie gemeinsam eine Flasche Wein. Sie müssen auch in der Lage sein, Ihre Obstmahlzeiten zusammen einzunehmen. Dies hält ein notwendiges Band zwischen Ihnen aufrecht. Außerdem dürfen Sie in diesen drei Tagen keinerlei sexuellen Kontakt haben, weder miteinander noch mit anderen Personen. Sie befinden sich in einem Prozeß, die Sinne zu konditionieren.

Am zweiten Abend in privater und ungestörter Zurückgezogenheit wählen Sie eine besondere, sanfte Musik aus. Wenn Sie gebadet haben und nur Ihre Bademäntel tragen, schließen Sie wieder die Augen und lauschen der Musik, wobei Sie sich aufeinander konzentrieren und die Liebe und das Verlangen spüren, Ihre Energie miteinander zu teilen.

Dann entzündet der Mann seine ausgesuchte Kerze und sagt:

"Dieses Licht repräsentiert das Feuer der Liebe und des Lichts, das ich bin. Ich möchte es mit dir teilen."

Dann erklärt er, warum er diese Kerze und deren Farbe ausgesucht hat und was sie für ihn repräsentiert. Wenn er sein Räucherstäbchen anzündet, sagt er:

"Dies repräsentiert meine Essenz, auf daß du sie einatmen und mich als einen Teil von dir verzehren und erfahren mögest." Erklären Sie, warum Sie diesen besonderen Duft ausgewählt haben.

Dann entzündet die Frau ihre Kerze und sagt:

"Dies ist die Flamme meines Verlangens und das Licht, das ich bin, ich teile es mit dir." Erklären Sie die Wahl der Farbe und was sie repräsentiert.

Dann zündet sie ihr Räucherstäbchen an und sagt:

"Dies repräsentiert meine Essenz, auf daß du sie einatmen und mich als einen Teil von dir verzehren und erfahren mögest." Erklären Sie den Duft und warum Sie ihn ausgewählt haben.

Sagen Sie nun beide zusammen:
"Unsere Liebe brennt wie ein ewiges Licht für immer. Ich bin von ihr und von deinem Wesen erfüllt."

Nehmen Sie nun Ihre Blumen und legen Sie sie zwischen sich, während Sie sich gegenübersitzen. Die Frau nimmt ihre Blume und sagt:

"Diese Blume repräsentiert die zarte und vergängliche Existenz dessen, was ich nun bin. Nimm sie als mein Liebespfand an, auf daß sie, obwohl sie vergänglich ist, für immer in deiner Erinnerung existiert und ihre Schönheit dort als Erinnerung an mich überdauert."

Sie gibt ihm die Blume, erklärt, warum sie sie als Symbol ihrer selbst ausgewählt hat. Er nimmt das Liebespfand an.

Dann gibt der Mann ihr seine Blume, wiederholt, was sie gesagt hat, und erklärt, warum er diese bestimmte Blume als Symbol seiner selbst ausgewählt hat. Sie nimmt sein Liebespfand an.

Dann schließen Sie beide Ihre Augen, atmen den Duft ein und vergegenwärtigen sich, daß es nun die verschmolzene Essenz von beiden ist. Anschließend öffnen Sie die Augen, betrachten Ihre Blume in allen Einzelheiten, sehen, wie fein sie beschaffen ist, und atmen ihren Duft ein. Würdigen Sie ihre Schönheit und das, wofür sie steht. Schauen Sie sich dann auf dieselbe Weise mit demselben Gefühl an.

Umarmen Sie sich und sagen Sie einander, wie sehr Sie diese Gaben und einander schätzen. Nun können Sie sich zurückziehen.

Am dritten Tag nehmen Sie zur festgesetzten Zeit für die gemeinsamen Mahlzeiten wieder nur Obst, Fruchtsaft und Kräutertee zu sich. Meditieren Sie außerdem zu festgesetzten Zeiten, wenn Sie gewöhnlich mehr als eine Meditation pro Tag durchführen. Irgendwann an diesem Tag sollten Sie einen gemeinsamen Spaziergang in der Natur genießen und erkennen, daß alle Dinge, die Sie gemeinsam sehen, Gottes Schöpfung sind wie Sie beide auch. Würdigen Sie das Wunder, einzigartige und wunderbare Schöpfungen zu sein. Sagen Sie einander, was Sie an sich lieben. Es kann die Art sein, wie Sie lächeln, die Farbe Ihrer Augen oder Ihres Haars in natürlichem Licht. Halten Sie sich an den Händen oder legen Sie beim Spazieren die Arme umeinander. Nehmen Sie sich die Zeit, sich zu umarmen und sich wirklich innig zu küssen. Denken Sie an die Blume, die den anderen repräsentiert. Sehen Sie sie in Ihrem Geiste, vergleichen Sie ihre Eigenschaften mit den Eigenschaften des anderen. Bewahren Sie dieses Gefühl von Liebe und spüren Sie die Energie des anderen. Setzen Sie sich irgendwo hin, wobei sich Ihre Füße berühren oder kreuzen. Drücken Sie Ihre Hände zusammen, bis Sie die Hitze zwischen den Händen spüren. Wenden Sie sich dann Ihrem Partner zu und halten Sie die Hände ungefähr sieben Zentimeter voneinander entfernt, die Finger sind leicht gebogen. Spüren Sie mehrere Augenblicke lang, wie die Energie zwischen Ihren Händen fließt.

Kehren Sie nach Hause zurück. Nehmen Sie gemeinsam einen Tee oder einen Saft zu sich. Fahren Sie mit Ihrem Tag fort. Am Abend baden Sie und tragen einen Bademantel, wenn Sie sich zur verabredeten Zeit im vorbereiteten Raum treffen. Spielen Sie sanfte esoterische

Musik. Zünden Sie wieder Kerzen an. Die Frau steckt ihre Kerze zuerst an und sagt:

"Dies ist die Flamme meines Verlangens nach dir. Ich habe diese Kerze ausgewählt, damit sie das Licht repräsentiert, das ich bin."

Dann erklären Sie noch einmal, wofür die Farbe steht. Anschließend entzündet sie ihr Räucherstäbchen und sagt:

"Dies repräsentiert mein Wesen, das du als einen Teil meiner selbst einatmen mögest, auf daß wir eins werden."

Dann setzt sie sich hin.

Nun steckt der Mann seine Kerze an, wiederholt, was die Frau gesagt hat, entzündet dann ebenfalls sein Räucherstäbchen und erklärt, sie möge auch sein Wesen erfahren.

Das Paar setzt sich mit einander zugewandtem Gesicht auf den Boden. Die Kerze und das Räucherstäbchen der Frau sollten sich zu ihrer Linken befinden, die des Mannes zu seiner Rechten. Der Mann sollte die Blume nehmen, die die Frau ihm geschenkt hat, seine Freude darüber ausdrücken, sie erhalten zu haben, und ihr die Eigenschaften nennen, die er in der Blume sieht, die Art, wie sich die Blütenblätter anfühlen, sowie deren Form, Farbe und Duft beschreiben, und wenn er geendet hat, sollte er all dies mit der Frau vergleichen.

Nun nimmt die Frau die Blume, die der Mann ihr geschenkt hat, drückt ihre Freude und Wertschätzung aus, die sie empfunden hat, als sie sie von ihm bekam, und würdigt ebenfalls, wie sich die Blütenblätter anfühlen, beschreibt deren Form, Farbe und Duft. Sagen Sie, warum die Blume Sie an ihn erinnert.

Bleiben Sie etwa fünf Minuten still sitzen, lauschen Sie der Musik und sehen Sie sich an, wobei Sie all die Liebe und Wertschätzung füreinander spüren. Achten Sie auf die Augen, atmen Sie den Duft tief ein, versuchen Sie, den Duft des Räucherstäbchens ihres Partners herauszuriechen. Betrachten Sie die Kerzen, stellen Sie sich die Wärme des anderen vor, sehen Sie die Flamme als Verlangen, spüren Sie dieses Verlangen. Können Sie auch die Energie des anderen spüren?

Die Frau flüstert den Namen des Mannes und sagt ruhig: "Amual San Tumal. Ich möchte meine Liebesenergie mit dir teilen, auf daß wir unser Sein gegenseitig wirklich spüren und in uns aufnehmen."

Der Mann flüstert den Namen der Frau und wiederholt, was sie gesagt hat.

Dann steht der Mann auf und zieht seinen Bademantel aus. Anschließend setzt er sich wieder. Die Frau steht auf, zieht ihren Bademantel aus und setzt sich. Sehen Sie sich nun gegenseitig an, nehmen Sie jeden Zentimeter des Körpers des anderen wahr, denken Sie an die Liebe, die Sie geteilt haben, und daran, wie wunderbar es war, sich zu lieben.

Nun erzählt die Frau ihm von einem Mal, das Sie als besonders schön in Erinnerung hat, von dem stimulierenden Erlebnis zu einer Zeit, als sie mit ihm an irgendeinem besonderen Ort war. Sagen Sie auch, warum es so besonders war, was er getan hat, wie er es getan hat, wo es war und warum Sie sich an dieses Mal erinnern.

Dann erzählt auch der Mann von einem besonderen Mal, wo er sie geliebt hat, wo es war, was sie getan hat, wie sie es getan hat, warum er sich an dieses Mal erinnert und was es so besonders machte.

Nehmen Sie sich nun ein paar Minuten Zeit, schließen Sie die Augen, erinnern Sie sich an dieses Mal und daran, wie Sie sich gefühlt haben. Sehen Sie es in Ihrer Vorstellung.

Nun legt sich der Mann zuerst entspannt auf den Bauch. Die Frau kniet zu seiner linken Seite, und nachdem Sie ihre Hände aneinander gerieben hat, bis sie warm sind, tut sie so, als ob sie sinnlich seinen Kopf, seine Arme, seinen Rücken, sein Gesäß, seine Beine, seine Füße berühren würde – nur daß sie ihre Hände Zentimeter entfernt hält, so daß nur die Energie gespürt werden kann. Nehmen Sie sich dafür sechs bis zehn Minuten Zeit, tun Sie es sehr langsam. Lauschen Sie dem Atem des anderen. Wenn sie geendet hat, flüstert sie, "dreh' dich um." Sie dürfen einander nicht berühren. Dann "berührt" sie sein Gesicht, seine Lippen, seine Augen, jeden Teil des Körpers, als ob sie ihn streicheln würde, nur daß die Hände wieder Zentimeter entfernt sind! Tun Sie es langsam. Wenn sie fertig ist, flüstert sie seinen Namen und sagt: "Ich habe jetzt meine Liebesenergie mit dir geteilt und wünsche mir dasselbe von dir."

Dann legt sich die Frau zuerst auf den Bauch, dann auf den Rücken, und der Mann wiederholt dieselbe Energiebehandlung bei ihr und wiederholt, was sie gesagt hat. Sie müssen sich Zeit nehmen und die Zärtlichkeit spüren.

Nun kehren Sie beide in die Sitzposition zurück. Der Mann öffnet die Weinflasche, die Frau hält die Gläser. Wenn der Mann einschenkt, sagt er:

"Nimm diesen Wein als Symbol meiner Essenz und meiner Energie, auf daß du davon erfüllt werdest."

Die Frau sagt:

"Ich nehme deine Gaben an, und diese Gläser repräsentieren das Gefäß meines Körpers, auf daß ich deine Essenz spüren darf."

Sie stoßen an, trinken und genießen das warme Gefühl und den Geschmack, erfreuen sich auch an der Anmut und Schönheit der Körper, die Gott Ihnen gab, auf daß Sie dieses Gefühl teilen mögen.

Sagen Sie sich, wie Sie sich gerne gegenseitig berühren würden. Wenn Sie das Glas ausgetrunken haben, umarmen Sie sich und küssen Sie sich innig, wobei Sie das Fleisch des anderen spüren, wenn Ihre Körper sich berühren.

Dann massiert der Mann der Frau das parfümierte Körperöl ein – vorne und hinten, wobei er sie reibt und streichelt. Dann macht die Frau dasselbe beim Mann.

Nehmen Sie nun ein weiteres Glas Wein und spüren Sie das Verlangen füreinander. Knien Sie dann einander gegenüber und halten Sie Ihre Hände. Sagen Sie: "Amual San Tumal." Dann flüstern Sie einander zu:

"Ich möchte dich körperlich lieben, auf daß ich von deiner Liebesenergie erfüllt werde und dein Sein niemals vergesse."

Dann dürfen Sie sich lieben und so das Ritual erfüllen. Genießen Sie einander vollkommen!

Venusischer Bindungsschwur

Als erstes legen Ihr Partner und Sie Ort und Zeit fest. Gewöhnlich wird diese Zeremonie allein durchgeführt. Doch Sie dürfen auch andere einladen, wenn Sie dies wünschen. Die Zeremonie ist sehr persönlich, nicht gesetzlich bindend, nur gültig für die Dauer, die Sie wählen, und Sie kann während der Zeit des Zusammenseins mehr als einmal durchgeführt werden. Mit anderen Worten: Sie kann erneuert werden, wenn Sie es wünschen.

Die meisten Paare suchen eine besondere Musik aus, die im Hintergrund gespielt wird. Sie können bei dieser

Zeremonie bekleidet oder unbekleidet sein. Sie kann in einem Tempel, am Strand, in natürlicher Umgebung oder in der Privatsphäre eines Hauses durchgeführt werden. Der wichtigste Faktor ist der, daß Sie sich beide für eine Partnerschaft und Bindung entscheiden. Die Zeremonie und die Beziehung können so individuell sein, wie Sie mögen, und so lange dauern, wie Sie wollen. Es findet ein Austausch von Schwüren und ein Austausch von Pfändern statt, die Ihre Liebe zueinander symbolisieren. Sie wählen die Objekte aus, die Sie austauschen. Es können Schmuckstücke, Kristalle, einfache Steine von einem besonderen Ort sein, an dem Sie gemeinsam waren. Ein beliebtes Pfand ist eine Pflanze. Sie tauschen die Pfänder aus, und sie werden zu Symbolen Ihrer Liebe und Bindung. Wenn Sie lebende Pflanzen austauschen, müssen Sie acht geben, daß die Pflanze gesund bleibt und wächst – so wie Ihre Beziehung gepflegt werden muß und Aufmerksamkeit erfordert, so ist es auch mit dem Symbol.

Wenn Sie die Zeremonie in freier Natur durchführen, können Sie jede Zeit des Tages oder der Nacht dafür wählen. Sonnenuntergänge und Sonnenaufgänge sind ebenso beliebt wie Mondlicht. Wenn Sie die Zeremonie drinnen durchführen, werden ein Kaminfeuer oder Kerzen benutzt, da Licht oder Feuer ein Symbol für Reinigung und Spiritualität ist. Der Mond oder die Sonne erfüllen diesen Zweck ebenfalls, und natürlich können Sie auch draußen Kerzen anzünden.

Wenn Sie einen besonderen Ort und die auszutauschenden Pfänder ausgesucht haben, stellen Sie die Atmosphäre her – sanft spielende Musik, live oder aufgenommen. Falls Sie die Zeremonie drinnen durchführen, stellen Sie drei Kerzen irgendwo im Raum im Dreieck auf. Draußen im Sonnenlicht oder bei Mondlicht sind Kerzen nicht nötig. Bei Sonnenaufgang oder Sonnenuntergang sollte die Sonne links von der Frau stehen. Wenn Sie draußen sind und sich Kerzen wünschen, sollten Sie sich im Zentrum des Dreiecks aus Kerzen befinden. Wenn Sie drinnen an einem Kaminfeuer sind, sollte sich das Feuer ebenfalls links von der Frau befinden, die Partner stehen sich gegenüber. Wenn Sie Kerzen in einem geschlossenen Raum verwenden, sollte eine Kerze links von der Frau stehen (siehe Diagramm).

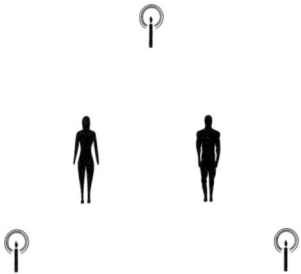

Zunächst gehen Sie in dem vorbereiteten Raum oder an dem Ort im Freien langsam aufeinander zu und tragen in der linken Hand Ihr Pfand oder Symbol. Wenn Sie etwa einen Schritt voneinander entfernt sind, bleiben Sie stehen und sehen Sie sich an. Schauen Sie sich tief in die Augen, Hände vorm Körper, die linke Hand mit dem Pfand mit nach oben gerichteter Handfläche, die noch oben gerichtete Handfläche der rechten Hand stützt die Linke.

Wenn Sie sich in die Augen sehen, spricht zuerst die Frau, da sie die emotionale oder fühlende Seite symbolisiert. Sie sagt:

"Ich, (Ihr Name), bin hier, um dir, (sein Name, nur der Vorname), dieses Symbol meiner Liebe, meiner Hingabe und meines Verlangens anzubieten und meine Energie mit dir zu teilen."

Halten Sie ihm das Pfand entgegen. Dann nimmt er mit seiner rechten Hand ihre Gabe an, hält sie an sein Herz und sagt:

"Ich nehme dieses Symbol und alles, was es bedeutet, an, ich nehme es in mein Herz auf und werde es und alles, wofür es steht, in Ehren halten und es pflegen."

(Sie steht mit beiden Handflächen nach oben da.) Dann sagt er:

"Ich, (sein Name), biete dir, (ihr Name), dieses Symbol meiner Liebe, meiner Hingabe und meines Verlangens an, um meine Energie mit dir zu teilen."

Er reicht ihr mit seiner linken Hand sein Pfand entgegen. Sie nimmt das Pfand mit ihrer rechten Hand und hält es an ihr Herz. Sie entgegnet:

"Ich nehme dieses Symbol und alles, was es repräsentiert, an, ich nehme es in mein Herz auf und werde es und alles, wofür es steht, in Ehren halten und pflegen."

Nun knien beide, noch immer mit einander zugewandtem Gesicht, sehen sich in die Augen und legen die Pfänder auf den Boden zwischen ihnen. Sie halten ihre Hände. Dann sagen beide langsam zusammen:

"Ich werde dich bedingungslos lieben, wie der Schöpfer es vorgesehen hat. Ich werde mein Leben und alles, was es hervorbringt, mit dir teilen. Ich werde dich so annehmen, wie du bist, und mit dir wachsen. Wir werden wie eins sein, wenn wir auch getrennt sind. Unsere Liebe existiert. Es sei."

Dann stehen sie auf, noch immer die Hände haltend. Sie führt seine linke Hand an ihr Herz. Er tut das gleiche mit ihrer Hand. Beide zusammen sagen:

"Wir geloben Hingabe, Liebe und Verbundenheit, um unsere Liebe miteinander zu teilen und uns gegenseitig zu ehren. Wir werden uns inspirieren und das unterstützen, was wir tun, bis die Zeit kommt, da unsere Seelen ihrer Wege gehen. Ohne Reue werden wir uns dann an all das erinnern, was wir geteilt haben. Wir werden uns immer noch lieben und alles, was wir sind, ehren. Es sei."

Dann drehen Sie sich der Kerze oder dem Feuer oder dem Sonnenuntergang etc. zu Ihrer Linken zu und halten einander die rechte Hand. Sie betrachten das Symbol des Lichts und sagen:

"Mögen wir nun zusammen gehen und für immer Freunde sein. Laß' das Licht uns und alle, die wir lieben, umgeben und beschützen und uns miteinander verbinden, auf daß wir wie eins sind. Mögen wir gemäß der Om Notia Zedia leben. Die Symbole, die wir ausgetauscht haben, sollen uns daran erinnern, was wir sind und einander bedeuten. Es sei, und wir sind. Amual Abactu Baraka Bashad (Universelle Liebe und Segen)."

Das Paar schaut sich an, umarmt sich und tauscht Energie aus. Natürlich dürfen Sie sich küssen. Setzen Sie sich dann auf den Boden, trinken Sie Wein und bewundern Sie das Pfand des anderen.

Danach oder am nächsten Tag dürfen Freunde zum Feiern eingeladen werden. Das Paar muß auf seine Pfänder achtgeben, da sie ein Symbol ihres Schwurs sind.

Beziehungskonzepte

Es gibt verschiedene Arten von Beziehung. Eine Form ist die, bei der Sie nicht miteinander kommunizieren oder Dinge miteinander teilen, eine Mauer um sich errichten, nur noch für gesellige Anlässe zusammenbleiben und im

selben Haus leben, aber die Gefühle des anderen vernei-
nen. (Sie tolerieren sich, entwickeln sich aber auseinander.)

Eine andere Art der Bindung ist die, bei der Sie die Wünsche des anderen nicht akzeptieren oder ihm Mißverständnisse oder Fehler nicht verzeihen können. Diese
Form braucht Streit und Gewaltausbrüche, um Sie durch
Entschuldigungen und mit Schuldgefühlen aufgrund von
Dingen, die Sie getan oder gesagt haben, zusammenzu-
bringen. (Sie befinden sich auf einer Achterbahn von Gefühlen des Glücks und der Verärgerung und werden sich
zwangsläufig bald trennen.)

Die letzte Form ist die beste. In dieser Beziehung teilen
Sie alles miteinander, akzeptieren die Unterschiede zwischen Ihnen und kümmern sich um die Wünsche des
anderen. Vertrauen, Ehrlichkeit und Bereitschaft zu teilen sind nötig, um fähig zu sein, Verständnis für die Fehler aufzubringen und sie zu vergeben. Kommunikation
ist wichtig. (Sie akzeptieren einander, und die Beziehung
ist stark.)

Venusische Zeremonie zur Reinigung von negativer Energie in der Umgebung

Manchmal treffen Sie selbst in anderen Dimensionen auf
unerwünschte Energie oder Wesenheiten. Diese wurden
in früheren Situationen von Seelen, die zuvor dort leb-
ten, zurückgelassen, oder es handelt sich um niedere
Astralwesen, die die weniger bewußten Wesen als ein
Mittel zur Kontrolle und Manipulation benutzen.

Leider warten viele solcher Wesenheiten auf eine Gelegenheit, um unachtsame Wesen zu benutzen, die sich für
mediale Durchgaben (Channeling) öffnen. Auch der

Wunsch nach übersinnlichen Erfahrungen kann ein Mittel sein, anderen Einlaß zu gewähren. Manchmal ist es nur angesammelte Energie oder eine zurückgelassene wandernde Seele, die von seinen oder ihren letzten Momenten im Physischen verwirrt ist, besonders, wenn diese traumatisch waren oder so plötzlich zum Tode führten, daß ihr Geist keine Zeit hatte zu registrieren, was in dieser plötzlichen oder gewaltsamen Situation geschah. Sie werden auch auf viele Seelen treffen, die so in ihrer früheren Situation verhaftet sind, daß es ihnen schwerfällt, den zu ihrem Fortschritt nötigen Übergang zu erkennen oder zu akzeptieren, und so hängen sie herum und versuchen mit jedem zu kommunizieren, der ihr ehemaliges Domizil betritt.

Sie können auch auf böse Kräfte treffen, die von unachtsamen Personen angezogen werden, die mit schwarzer Magie herumspielen oder sich mit übersinnlichen Phänomenen oder Wesen beschäftigen. Diese Seelen sind gefangen, denn sie sind sich ihres Schicksals nicht bewußt. Doch alle Seelen oder Wesen sollten frei sein, um den Platz einnehmen zu können, an dem sie sein sollten.

Diese wandernden Seelen sind ehemalige Bewohner eines besonderen Ortes, und sie haben vielleicht einen traumatischen oder plötzlichen Tod erlebt, was es ihnen schwer macht zu erkennen, daß sie gehen sollten. Auf der anderen Seite sind Wesenheiten eine Ansammlung negativer Energie, die von dem eigenen Energiefeld von Lebewesen verstärkt wird. Wenn zum Beispiel jemand daran interessiert ist, andere durch Einsatz seiner Energie zu manipulieren und zu kontrollieren, zieht er die Energie negativer Kräfte an, die auf Mord, Haß, Groll und Rache basieren und sich dabei ansammeln.

Dies sind sehr mächtige Energieformen, die die Schattenseite unserer Emotionen repräsentieren. Sie werden von jedem Menschen erschaffen, der diese Energie aus persönlicher Enttäuschung und Wut heraus erzeugt. Sie sammelt sich in der niederen Astralebene an und kann von jedem angezogen werden, der destruktiv ist. Manchmal ist diese Energie so stark, daß sie in Form eines Dämons oder destruktiver Energie auftaucht. Gewöhnlich ist sie sehr stark, weil die Seele, die sie erzeugt, noch recht jung ist und sich der Macht unserer Gedanken und der Energie, die eine Seele erzeugen kann, nicht bewußt ist. Ist diese Energie erst einmal ausgetreten und wird sie direkt von einer anderen, Negativität erzeugenden Energie angezogen, akkumuliert sie sich und wird dann von den Seelen mit dem stärksten Verlangen oder Willen oder der stärksten Kraft wiederverwendet.

Manchmal neigen junge Leute auf der Erde, die sehr emotional sind und die Geschlechtsreife noch nicht erreicht haben – die es ihnen ermöglicht, emotionale Energie freizusetzen –, dazu, diese Energie anzuziehen, aufgrund ihrer Frustration darüber, daß sie sich in dem Stadium zwischen Unschuld und Promiskuität befinden. Man bezeichnet diese Erscheinungen als Poltergeister. Ein unbewußter Akt des jungen Menschen ruft sie hervor, doch weil er kein wirkliches Ventil für Gefühle hat, staut sich die Energie in ihm an. Und weil es ihm an Verständnis mangelt oder weil er nicht meditiert oder keinen Schutz hat, neigt er dazu, diese Energie aus anderen Dimensionen anzuziehen, und zwar in Situationen, die Verwirrung, Wut und Groll hervorrufen. Deshalb kann er in seinem eigenen Zuhause oder seiner Umgebung Verwüstung hervorrufen, ohne zu wissen, daß er selbst die Ursache dafür ist.

Seelen, die in irgendeiner Dimension, z.B. in der physischen Ebene, gefangen sind, sind nur verwirrte ehemalige Bewohner, die entweder nicht wissen, daß ihre physischen Körper nun nicht mehr bewohnbar sind, weil ihr Tod so plötzlich eintrat, wie bei einem Unfall oder bei Kriegsopfern. Oder aber ihr Tod war vielleicht sehr schmerzhaft – sei es emotional oder physisch wie bei Selbstmord und Mord –, oder sie hegen irgendein unerfülltes Verlangen oder sind irgendwie hier verhaftet, so daß sie wirklich nicht gehen oder ihre Abreise akzeptieren können. Manchmal kommt es vor, daß sie im Falle von Folter oder Mord ständig ihr letzte Stunde oder ihre letzten Momente durchspielen. Sie sind in ihren eigenen Emotionen gefangen – sei es Verhaftetsein, Angst oder Wut. Sie alle müssen aufgeklärt und befreit werden.

Wenn Sie das Gefühl haben, daß solche Wesenheiten oder Seelen in Ihrem Wohnraum sind, gibt es bestimmte Schritte, die Sie unternehmen können. Werden Sie aber nicht paranoid, so daß Sie das Gefühl haben, jeder Ort, an dem Sie sich aufhalten, sei voll von solcher Energie. Dies ist eine Besessenheit, und fanatisch zu sein oder sich ständig auf eine solche Energie zu konzentrieren ist völlig unangebracht. Sie müssen nicht nach Problemen suchen. Achten Sie nur darauf, ob Sie sich unwohl fühlen, unter Schlaflosigkeit leiden oder ob ständig unerklärliche Dinge auftreten. Es ist jedoch nicht nötig, jeden Raum, den Sie betreten, zu reinigen oder nach solchen Dingen zu suchen. Dann fangen Sie an, wie ein Fanatiker zu wirken (was Sie dann wirklich sind), und die Menschen werden Ihnen aus dem Weg gehen. Sie können außerdem diese negativen Energien auf sich ziehen, weil Sie so viel Aufmerksamkeit auf sie richten! Denken Sie daran: Wohin Ihre Aufmerksamkeit geht, fließt Ihre Energie! Wenn man also ständig Ausschau nach Problemen hält, kann man sie tatsächlich erschaffen.

Doch was können wir in diesen speziellen, seltenen Fällen tun? Nun, wenn Sie einer bestimmten Religion anhängen, können Sie Ihren Pastor, Priester oder Geistlichen aufsuchen, um zu sehen, ob von dort Hilfe kommen kann. Wenn man Sie abweist, können Sie selbst daran arbeiten:

Sie müssen alle Fenster in Ihrer Wohnung, Ihrem Haus oder in dem Gebäude, in dem die Störungen auftreten, öffnen. Besorgen Sie dann Räucherstäbchen mit Sandelholz-, Weihrauch- oder Myrrhe-Duft. Bringen Sie ein paar davon in jeden Raum. Errichten Sie vor der Tür des Haupteingangs zu dem Ort ein Dreieck aus weißen, rosafarbenen und grünen Kerzen. Sie sollten zwei weitere Personen als Helfer auswählen, so daß Sie insgesamt drei sind. Sie müssen die oben erwähnten drei Kerzen an allen Eingängen oder Ausgängen des Hauses aufstellen, nicht jedoch vor den Fenstern.

Stellen Sie sicher, daß in jedem Raum die Elemente Holz, Metall, Wasser, Erde und Feuer vertreten sind. Überprüfen Sie daraufhin jeden Raum. Die Toilette zum Beispiel steht für Wasser, Blumen und Pflanzen für die Erde, Wasserhähne stehen für Wasser, Metall oder Minerale (also Erde). Holz dient der Harmonisierung und dem Ausgleich und stellt eine Mischung aus Mineralen und Erde dar. Es ist gewöhnlich in den meisten Wohnungen zu finden und ist im naturbelassenen Zustand am wirkungsvollsten.

Die Elemente können aber auch durch Farben repräsentiert werden: z. B. Silber oder Rostrot für Metall, Gelb oder Rot für Feuer, Braun oder Schwarz für Erde, Grün, Weiß, Blau oder Purpur für Wasser, Beige oder Naturtöne für Holz.

Ziehen Sie ferner alle Elektrogeräte aus der Steckdose. Dann müssen Sie und zwei oder mehr Freunde, doch insgesamt mindestens drei, in der Mitte des Ortes und im Zentrum des Raumes in einem Dreieck sitzen. Fassen Sie sich bei den Händen und chanten Sie das Mantra Hu mindestens zwölfmal. Bleiben Sie zehn Minuten still sitzen und sehen Sie, wie sich die Umgebung mit blau-weißem, reinigendem Licht erfüllt. Dann stehen Sie, sich noch immer an den Händen haltend, auf und sagen:

"Du unerwünschte Kraft bist hier am falschen Platz, hebe dich weg, dies ist jetzt ... Ort (Sagen Sie den Namen desjenigen, der dort wohnt oder arbeitet). Du mußt wissen, daß du nicht länger hiersein solltest, und du mußt dorthin gehen, wohin du gehen solltest, oder zu der Energie zurückkehren, die dich erschuf. Im Namen der größten Kraft aller Dinge, des Einen Göttlichen Schöpfers – *ich* (bzw. der Name desjenigen, der dort wohnt oder arbeitet) wohne jetzt hier und werde dich in dieser gegenwärtigen Form nicht willkommen heißen. Geh' weg, sei was du sein solltest, und sei frei von dem, das dich angezogen hat. Du bist nicht mehr länger Teil dieses Ortes. Mögest du den für dich bestimmten Weg finden. Sei gesegnet!"

Dann geht jeder Anwesende in einen Raum. Stellen Sie sich in die Mitte des Raumes. Nehmen Sie drei tiefe Atemzüge und stellen Sie sich beim Einatmen vor, daß Sie sich mit reiner blau-weißer Energie füllen, und wenn Sie ausatmen, zerstört sie alle negativen Kräfte und klärt den Raum. Chanten Sie dreimal "Ah-lah-ja". Halten Sie dann Ihre Arme über den Kopf und bewegen Sie sich in kleinen Kreisen im Gegenuhrzeigersinn durch den gesamten Raum. Wenn Sie zu Ihrer ursprünglichen Stelle zurückkehren, drehen Sie sich im Uhrzeigersinn in die andere

Richtung. Beobachten Sie, wie Sie, wenn Sie herumwirbeln, all die negative Energie um sich herum ansammeln. Gehen Sie nun wieder in die Raummitte. Schließen Sie die Augen, halten Sie Ihre Hände hoch und sehen Sie in Ihrem Geist, wie die negative Energie wie ein Tornado in die Unendlichkeit davonschwirrt und vom Meer der Liebe und Gnade absorbiert wird, sich zerstreut und als reine Energie zurückkehrt, frei von den Bürden des Hasses, der Angst, des Grolls, der Frustration und Zerstörung. Beobachten Sie, wie die negative Energie wie ein schmutziges Kleid von Ihnen gezogen wird und davonschwirrt, um klar und rein zu werden.

Wenn Sie dies visualisiert haben und es von einem von Ihnen in jedem Raum wiederholt wird, setzen Sie sich noch einmal in den Hauptraum, fassen Sie sich an den Händen und sagen:

"Nun ist dies ein freier Ort, von aller alten Energie gereinigt. Wir danken dir, dem Höchsten Einen. Alles ist vollbracht."

Vorbereitung zur Reinigungszeremonie

Ich fasse noch einmal die nötigen Schritte zusammen:

1. Suchen Sie alle benötigten Werkzeuge zusammen (s.u.).
2. Bereiten Sie jeden Raum entsprechend mit Räucherstäbchen und Kerzen vor.
3. Wählen Sie aus, wer teilnimmt – insgesamt drei oder mehr Personen, jedoch nicht mehr als sieben.
4. Öffnen Sie alle Fenster, um der Energie zu ermöglichen, einzutreten und zu entweichen.
5. Führen Sie im Eingang des Hauptraumes oder in der zu reinigenden Umgebung eine Meditation durch.

6. Teilen Sie sich auf und führen Sie getrennt in jedem Raum die besprochene Zeremonie durch.
7. Versammeln Sie sich wieder im ersten Raum und danken Sie dem Höchsten Wesen.

Es gibt immer sieben Schritte, da die Sieben auf der Venus eine spirituelle Zahl ist.

Die benötigten Werkzeuge sind:
– Teilnehmer
– Räucherstäbchen
– drei Kerzen – Weiß für Spiritualität, Rosa für Liebe und Grün für Heilung
– Repräsentanten der Elemente Wasser, Erde, Feuer, Holz, z.b. durch die Farben Blau (Wasser), Rot, Orange oder Gelb (Feuer), Braun, Schwarz oder Grün (Erde), Beige oder Naturtöne (Holz).

Venusische Zeremonie für den Dimensionsübertritt

Vorbemerkung: Venusisches Verständnis vom Tod

Ehe ich die venusische Zeremonie für den Dimensionsübertritt oder den Tod, wie Sie es nennen, beschreiben werde, lassen Sie mich zunächst unsere venusische Auffassung vom Tod erklären.

Anders als ihr auf der Erde betrachten wir auf der Venus das, was ihr Tod nennt, als einen Übergang von einer Seinsform in eine andere oder als Aufstieg in eine höhere Existenz. Der Tod ist für uns daher eher ein freudiges Ereignis, eine Art Beförderung aus einer begrenzten zu einer weniger begrenzten Form des Daseins.

Ebenfalls anders als die Bewohner der Erde wissen die Venusier um ihren Schicksalsweg und sind vorbereitet, wenn ihre Zeit kommt, den Ort zu verlassen, an dem sie zuvor gelebt haben. Manchmal werden Seelengefährten zur selben Zeit geboren und verlassen die Dimension auch gemeinsam.

Die Venusier kennen auch keinen Alterungsprozeß, dem die physischen Wesen unterliegen. Wenn sie einen Körper im Physischen manifestieren, können sie 500 eurer Jahre leben und auf der Venus mehrere Tausend Jahre. Das ist nicht so lange, wie ihr denkt, wenn ihr über das beschränkte irdische Zeitkonzept hinausdenkt. Da die Seele unsterblich ist, leben wir in Wirklichkeit ewig – was sind da ein paar Tausend Jahre!

Wie Sie also sehen können, ist unsere Vorstellung von Zeit ebenso von der Ihren verschieden wie unsere Vorstellung vom Tod. Das einzige, was sich verändert, ist der Ort Ihrer nächsten Existenz, und der richtet sich danach, was Sie in einem bestimmten Leben gelernt haben. Dann manifestiert sich Ihre Seele dort, wo auch immer sie gemäß dem, was noch zu lernen ist und was breits gelernt oder erfüllt wurde, sein sollte. Und da wir alle wahrlich individuell sind, kann dieser Ort von Seele zu Seele sehr unterschiedlich sein und auf bzw. in einem der vielen Universen, Planeten und Dimensionen liegen, auf oder in denen man existieren kann.

Wir Venusier betrachten unseren Übergang nicht als etwas Trauriges oder empfinden Verlust, da wir wissen, daß die Hinübergegangenen als Seele noch immer existieren und sich unsere Beziehung zu ihnen von Leben zu Leben ändert.

Wenn Sie um diese Dinge wissen und sie verstehen, ist es leichter, sich in einem Leben nicht zu sehr an Menschen, Tiere oder Dinge zu binden. Wir wissen, daß uns nichts gehört, wir benutzen nur, was wir brauchen, doch alles gehört dem Höchsten Einen. Alles was ist, ist Seele – das ist alles, was wir kontrollieren können.

Wenn Sie von anderen oder durch bestimmte Umstände beherrscht werden, so geschieht dies gewöhnlich durch den Einfluß eines bestimmten früheren Lebens und weil Sie die Umstände, Vorstellungen und den Glauben der Welt akzeptieren, in die Sie gestellt sind. Wenn Sie im Physischen sind, einen physischen Körper und ein neues Gehirn haben und lernen, sich anzupassen, verlieren Sie die Erinnerungen an das, was oder wo Sie zuvor waren. Es ist nicht besonders hilfreich, wenn die Menschen in Ihrem Umfeld spirituell nicht bewußt, ebenfalls in ihrer Existenz gefangen sind und auch alles vergessen haben. Bücher wie dieses und andere, die die Menschen über ihren universalen Ursprung neu aufklären wollen, sind eine Möglichkeit, den Zyklus zu durchbrechen und sie darauf vorzubereiten, sich selbst als Seele zu verstehen.

Die Menschen auf der Venus oder an irgendwelchen anderen Orten in den Dimensionen jenseits des Physischen haben einen großen Vorteil. Da wir uns nicht mit einem neuen Körper und einem neuen Gehirn aus physischem Material beschäftigen oder mit dem Schock fertigwerden müssen, physisch geboren zu werden, sind unsere Erinnerungen an frühere Leben und Erfahrungen nicht sonderlich beeinträchtigt, noch sind unsere Erinnerungen im Unterbewußtsein begraben, wie dies bei einer Seele der Fall ist, die durch physische Geburt inkarniert. Wir sind deshalb in der Lage, uns mit weniger Schwierigkeiten als ihr in der physischen Ebene an unsere neue Umgebung anzupassen.

Ihr hingegen müßt euch nicht nur an einen physischen Körper gewöhnen, sondern müßt auch eine Sprache erlernen und seid vielen Gefühlskonflikten ausgesetzt. Doch deshalb sind die Existenzen im Physischen so wertvoll, und es gibt Tausende von Leben, die Sie als Seele dort verbringen. Es ist eine notwendige Vorbereitung. Wenn Sie lernen, all die Konditionierungen zu überwinden, und fähig werden, darüber hinaus zu sehen und ein Seelenverständnis zu entwickeln, dann sind Sie am Ende Ihrer physischen Inkarnationen angelangt und sind gut vorbereitet, um in den höheren Ebenen zu lernen. Deshalb müssen wir alle uns anstrengen, alles zu lernen, was wir können, aus dem Wissen heraus, daß wir nie alles wissen!

Wissen um den Lebensplan

Wir alle suchen uns unser Leben aus, ehe wir in es eintreten, wir kennen die zur Verfügung stehende Zeitspanne, unseren Lebenssinn und unsere karmische Verwicklung mit anderen Seelen. Dies gilt für alle Seelen, auch für die, die in die physische Ebene hineingeboren werden. Doch mit dem Kampf hier im Physischen, der einen mit starken Gefühlen und mit der Komplexität des physischen Lernprozesses konfrontiert, wird ein Großteil der Erinnerung an die frühere Existenz, an die Wahl, die wir getroffen haben, an die Einzelheiten und die Länge des Lebens und die Art und Weise, auf die es enden soll, fast ausgelöscht.

Wenn unsere Eltern oder Beschützer hier uns daran erinnern würden, daß wir Seelen sind, daß wir aus freier Wahl hierher kamen, aus welchem Grund auch immer, fiele es uns leichter, uns zu erinnern und zu überblicken, was vor uns liegt.

Letztes Jahr hörte ich von einem sehr seltenen Fall, bei dem ein junges Mädchen sich an seinen Lebensplan erinnerte. In einer Fernsehdokumentation wurde über die Geschichte einer Familie in Kalifornien berichtet – Mutter, Vater und ihre beiden Töchter. Die älteste Tochter fing im Alter von etwa 13 Jahren an, sich sehr für Engel zu interessieren. Außerdem begann sie ihrer Familie zu erzählen, daß sie nicht mehr lange bei ihnen auf der Erde sein werde. Sie wollten das natürlich nicht glauben. Doch das Mädchen fuhr damit fort und bestand darauf, daß sie vorbereitet sein sollten.

Die Eltern machten sich keine allzu große Sorgen, da ihre Tochter nicht depressiv war oder Selbstmordabsichten hegte. Sie fing jedoch an, esoterische Bücher zu studieren und Geschichten, Bücher und Kalender über Engel zu sammeln, ebenso alle Arten von Engelbildern und -figuren. Zu Weihnachten backte sie sogar spezielle Plätzchen – Engelplätzchen. Sie hatte außerdem ein engelhaftes Äußeres angenommen und war zunehmend mehr darauf bedacht, anderen zu helfen, die deprimiert oder unglücklich waren. Ihr gelang alles, was sie sich vorgenommen hatte. Ihre Zeugnisse waren ausgezeichnet, und sie sang im Schul- und im Kirchenchor. Wenn sie jemand fragte, ob sie aufs College gehen oder welchen Beruf sie ergreifen wolle, sagte sie: "Ich werde dann nicht mehr hier sein." "Wie kannst du so etwas sagen?" fragten sie zurück. "Weil ich weiß, daß ich mir ausgesucht habe, nur eine kurze Zeit hier zu sein", lautete ihre Antwort.

Als sie 18 war, kam ihr Abschlußball, das erste formelle große Ereignis für junge Leute, auf das sich alle Mädchen freuen, da sie wie eine Prinzessin gekleidet auf den Ball gehen. Sie hatte ihren Ball, einen gutaussehenden Begleiter dazu und war glücklich. Dann, auf der Autofahrt nach

Hause, ereignete sich ein Unfall: Von den sechs Menschen in dem Auto war sie die einzige, die getötet wurde. Die Familie war sehr traurig. Als sie die Habseligkeiten im Zimmer des Mädchens durchsahen, fanden sie einen Brief, der einen Tag vor ihrem Tod geschrieben worden war:

Liebe Mutti, lieber Vati, liebe Schwester,
weint nicht um mich. Mir geht es gut, denn meine Zeit hier ist
erfüllt, und ich werde gehen müssen. Ich werde Euch geistig
immer nahe sein, und wir alle werden uns wiedervereinen, wenn
auch Eure Zeit auf der Erde um ist. Ich hatte ein wunderschö-
nes Leben – Freunde, ein wunderbares Zuhause und eine lie-
bevolle Familie. Dafür bin ich dankbar. Wir alle suchen uns
unsere Zeit und unsere Familie aus. Die Liebe kennt keine Gren-
zen. Sie kann immer verspürt und erfahren werden. Paßt gut
auf meine Engelsammlung auf!
Ich liebe Euch

Angela

Die Familie weinte und umarmte einander, und als sie wieder nach unten gingen, fanden sie auf einem Teller in der Küche ein frisch gebackenes, noch warmes Engelplätzchen! Sie wußten, es war ein Zeichen von ihr, daß sie immer in der Nähe war. Ihr zu Ehren eröffneten sie einen Laden, der alles verkauft, was mit Engeln zu tun hat.

Doch Geschichten wie diese kommen nicht oft vor. Häufiger wird die Erinnerung oder die Fähigkeit, sich zu erinnern oder mit nicht-materiellen Freunden zu kommunizieren, nicht gefördert und gebilligt und als Phantasie des Kindes abgetan. Da von der Seele, nun ein Kind, erwartet wird, daß es seine Eltern und die Erwachsenen respektiert, beginnt es zu zweifeln, oder ihm wird verboten, über diese Erlebnisse zu reden, weil die meisten Menschen hier davon nichts verstehen oder fürchten, ausgelacht zu werden, sich abgesondert zu fühlen und nicht akzeptiert zu werden. Deshalb verblassen diese Erinnerungen, oder sie werden im Unterbewußtsein vergraben.

Es gibt so viel Weisheit und Wissen, über das jede Seele verfügt, daß es wunderbar ist, diese Erinnerungen wekken zu können. Dafür bin ich und sind andere hier, um das Bewußtsein und die Wahrnehmung zu verändern und mehr Wahrheit und die Erinnerung an die vergangenen Existenzen der Seele zuzulassen, so daß sie ihr universales Sein akzeptiert. So werden wir in Zukunft hoffentlich bewußtere Eltern haben, die in ihrer Erziehung ihre Kinder als Seelen akzeptieren und ihnen helfen, diese Erfahrung und dieses Wissen zurückzuerlangen, während sie mit ihnen zusammenleben. Dies wird der Anfang des Neuen Zeitalters auf der Erde sein.

Auf der Venus und, wie ich schon sagte, in jeder Dimension oberhalb der physischen werden diese Erinnerungen der Seele stets anerkannt und von den Menschen in ihrem Umfeld gefördert, wenn sie dort in ihren Lebenszyklus eintritt. Denn man inkarniert auf einer höheren, bewußteren Ebene ohne Trennungen und ohne die vielen verschiedenen Bewußtseinsformen, denen man auf einem multikulturellen Planeten wie der Erde oder in anderen Universen begegnet. Denken Sie daran, in jedem Sonnensystem oder Universum muß es einen physischen Planeten geben, der getrennt und voller verwirrter und falsch informierter Wesen ist. Dies ist nötig, denn wenn wir uns durch ein Labyrinth durchkämpfen, sind wir in der Lage, unsere Erfahrungen dort zu vervollständigen und zu überwinden. So kann die Seele schließlich sagen: Ja, ich bin dort gewesen, ja, ich habe dies und jenes getan! Dann beginnt sie, ohne die Trennungen zu sehen, ohne Vorurteil zu leben, und sie überwindet die Verwirrung, Angst und Wut und lernt, das Leben und alles, was es zu bieten hat, zu akzeptieren und zu lieben, ohne den Tod zu fürchten. Statt dessen betrachtet sie ihn als eine Chance, Grenzen zu überwinden und zu einem höheren Ort des Lernens aufzusteigen.

Auf der Venus kennen wir keine Aggression, keine Angst und auch viele Leiden nicht, da wir dies überwunden haben und über diese Erfahrungen hinausgewachsen sind. Wir erfahren keine Todessituationen durch Unfall oder traumatische Erlebnisse. Natürlich lieben und sorgen wir füreinander, bilden Familien und Gemeinschaften und hängen gewissermaßen gefühlsmäßig aneinander. Wir haben auch gelernt, daß jede Trennung in einem jeden Lebenszyklus – sei er physischer oder sonstiger Natur – nur vorübergehend ist, da wir unsterblich sind und nie aufhören zu sein.

Deshalb helfen wir der Seele freudig bei ihrer Reise, wenn sie fortschreitet, in dem Wissen, daß wir sie vermissen werden, da wir unser Leben mit ihr geteilt haben. Aber wir halten die Erinnerung an sie in unserer Seele lebendig, freuen uns darauf, uns anderswo mit ihr wiederzuvereinen, wie ich dies auch hier auf der Erde erlebt habe. Das Treffen alter Seelenfreunde, die in neuen Körpern und in neuen Lebensumständen wohnen – wie schön ist es, wenn sie mich manchmal wiedererkennen! Dann weiß ich, daß ich tatsächlich keine Fremde hier auf der Erde bin, nur eine alte Freundin, die ihre alten Seelengefährten wiedertrifft, sich mit ihnen wiedervereint und austauscht. Wenn dann unser Leben hier beendet ist, können wir jubeln und froh sein, ein paar sehr schwierige Lektionen abgeschlossen und viel Freude und Schönheit mit anderen geteilt zu haben – in dem Wissen, daß dies nicht das Ende des Lebens ist, nur der Anfang einer neuen Existenz! Ein Beispiel: Meine venusische Mutter Shawik wußte, daß sie ihr Leben in Teutonia bei meiner Geburt abschließen und ihre Beziehung zu mir und ihrer Familie beenden würde. Mein Vater Deashar hatte Probleme damit, wußte aber, daß es akzeptiert werden mußte. Er wußte auch, daß er seine Arbeit fortsetzen und keine Zeit haben würde, mir die Pflege angedeihen zu lassen, die ich brauchte. All dies war zu Beginn dieses Lebenszyklus bekannt, ehe diese Seelen in diese Existenz eintraten.

Meine Eltern hatten vor meiner Geburt ein langes Leben zusammen. Ich war zu jung, um an der Übergangszeremonie meiner Mutter teilzunehmen. Doch alles war jeder Seele bekannt und so von ihr gewählt, ehe sie ins Sein trat. Gewöhnlich gibt es immer einen unterschwelligen Anflug von Traurigkeit beim Abschied, doch das ist nur natürlich, da wir alle aneinander hängen. Es ist eine Lektion, die uns gestellt wird, um sie zu überwinden, um Freude an den Vorzügen zu finden, um den Fortschritt derjenigen, die wir lieben, zu teilen und es der hinübergehenden Seele nicht aufgrund unseres eigenen selbstsüchtigen Wunsches, sie bei uns zu behalten, schwer zu machen, zu gehen.

Wie ich schon sagte, gibt es in jeder Dimension, in der die Seele existiert, immer noch Lektionen zu lernen und Schwierigkeiten zu überwinden. Selbst an einem Ort, der nach physischen Maßstäben für himmlisch oder märchenhaft gehalten wird, gilt es immer noch, verschiedene Arten von Schwierigkeiten zu überwinden.

Die Zeremonie

Auf der Venus gibt es einen besonderen Tempel für diese Zeremonie. Er sieht aus wie funkelnder Kristall. Drei Stufen führen zu ihm hinauf. Diese drei Stufen stehen für die drei Zustände des menschlichen Bewußtseins, die zusammen als Trinität bekannt sind. Die erste Stufe steht für die kausale Natur des Menschen, die zweite Stufe für den Mentalprozeß und die dritte für die spirituelle Entwicklung. Dann gibt es da drei überwölbte Tore, das mittlere für die Person, die hinübergeht, das linke für alle Venusier, die an der Zeremonie teilnehmen wollen, das rechte für die spirituellen Lehrer und höheren Meister.

Wenn man eintritt, ist das Strahlen des Lichts zunächst sehr blendend. Die Augen brauchen einen Moment, um sich an die Helligkeit im Inneren zu gewöhnen. Im Zentrum des Tempels befindet sich eine erhobene rechteckige Plattform, zu der sieben Stufen hinaufführen. Die sieben Stufen repräsentieren die sieben göttlichen Gesetze der Höchsten Gottheit. Nur wer nach diesen Gesetzen lebt, ist ausreichend fortgeschritten, an der Zeremonie teilnehmen zu dürfen.

Ein großer Kreis von etwa fünfzehn Metern Umfang umgibt die Plattform. Er besteht aus rot funkelndem Kristall, umgeben von zwei etwa 30 Zentimeter breiten Goldbändern, zwischen denen ein etwa 60 Zentimeter breiter Streifen aus reinem weißen Kristall verläuft. Um diesen Kreis herum stehen drei Reihen mit Bänken, von denen jede Reihe vier Sitze hat. Am äußeren Rand etwas außerhalb des letzten Goldstreifens sieht man die Symbole des Tierkreises, von denen einige auch auf der Erde bekannt und einige noch älter sind.

Über der Plattform befindet sich in der kuppelförmigen Decke ein großes Rund aus verschiedenfarbigen Kristalllichtern, von denen jedes die Tierkreissymbole der Venus repräsentiert. Die Venus kennt 13 Tierkreissymbole, die Erde zwölf. Jeder Planet hat seine eigene Anzahl von Symbolen. Anders als auf der Erde repräsentieren unsere Symbole keine Tiere, sondern die Energie, die unseren Planeten kontrolliert und erhält.

Die Plattform selbst ist golden, ebenso die sieben Stufen. Wenn die Venusier eintreten, herrscht völlige Stille. Alle sitzen in tiefer Meditation da, bei der sie ihre Energie auf denjenigen konzentrieren, der auf die Plattform steigen wird. Dann ist ein leiser Singsang zu hören, und man spürt, wie sich die Energie verstärkt. All die dreizehn kreisförmigen Kristallichter über der würfelförmigen Plattform beginnen zu glühen und zu leuchten. Auch von den Venusiern, die um den Kreis herumsitzen, gehen Lichtstrahlen aus. Sie erzeugen mit ihrer Konzentration die Energie, auf daß das Tor für den Übergang erscheint.

Wenn der angenehme Klang ebenso wie die Strahlen aus vielfarbigem Licht über dem Würfel stärker werden, erscheint oben auf der Plattform eine Flamme aus vielen Farben. Wenn sie rund drei Meter hoch wird, sieht man denjenigen, der hinübergehen soll. Langsam und mit viel Grazie und Würde nähert er oder sie sich den Stufen und geht in die Flamme hinein.

Allmählich ersterben die Flamme und die pulsierenden Lichter zusammen mit dem Klang. Still verlassen die Venusier den Tempel mit einem zufriedenen Ausdruck von Freude und Inspiration in den Gesichtern. Die Zeremonie ist beendet. Sie wird für jeden einzelnen wiederholt, der von der astralen Venus aus hinübergeht.

Spirituelle Reise

Lassen Sie uns dieses Buch mit einer spirituellen Übung beenden. Sie ist hilfreich, um Ihr Gefühl der Einheit mit Ihrem wahren Sein und um Erinnerungen an das größere Selbst zu wecken.

Bereiten Sie sich auf eine Reise vor: Legen Sie sich in einen ruhigen und abgedunkelten Raum. Meditationsmusik ist hilfreich, ebenso Räucherstäbchen.

Schließen Sie die Augen und stellen Sie sich vor, pure, reinigende Luft einzuatmen. Visualisieren Sie, wie sie durch Ihr linkes Nasenloch eintritt, stellen Sie sich vor, daß die Luft durch Ihr Gehirn, durch Ihre Gedanken, durch Ihren ganzen Körper fließt und dabei ganz und gar alle Dunkelheit und Negativität, alle Körperunreinheiten aufnimmt. Visualisieren Sie, wie die Dunkelheit durch Ihr rechtes Nasenloch entweicht; durch das linke Nasenloch strömt also die klärende und reinigende Luft herein und tritt durch das rechte aus.

Stellen Sie sich vor, daß die Luft, die aus Ihrem rechten Nasenloch austritt, zunächst dunkel ist, dann allmählich heller wird, da sie Ihr ganzes Wesen sowohl mental als auch physisch reinigt. Wenn Sie fortfahren, langsam und rhythmisch zu atmen, wird die Luft allmählich rein werden. Atmen Sie saubere Luft ein und saubere Luft aus, bis sich ein Zyklus von Ein und Aus bildet. Fahren Sie damit ungefähr zehn Minuten fort.

Nun stellen Sie sich vor, sich auf Ihre spirituelle Reise zu begeben, gekleidet in pures, strahlendes, schützendes weißes Licht. Fangen Sie an, langsam, aber entschlossen durch einen Zauberwald zu spazieren. Sie folgen einem goldenen Licht, und Sie gehen auf einem Weg, der von wunderschönen Bäumen aller Arten, Formen und Größen gesäumt ist. Betrachten Sie die Zweige der Bäume. Sie hängen sehr tief, tief genug, um sie erreichen und zu berühren. Sie können sie berühren, ohne von dem geraden, zwei Fuß breiten Weg abzukommen, der Sie durch den Wald führt.

Betrachten Sie die Rinde der Bäume; obwohl einige eine rauhe äußere Rinde haben, können Sie den weichen, inneren Kern darunter sehen, von dem dort, wo die Lebenskraft pulsiert, ein Leuchten ausgeht. Gehen Sie weiter und schauen Sie nach links. Neben dem Weg sitzt ein junger Bär. Er ist freundlich und verspielt. Streicheln Sie ihn und beobachten sie, wie er liebevoll reagiert.

Gehen Sie weiter und folgen Sie dem goldenen Licht. Vor Ihnen liegt ein wunderschöner See, der mit glitzerndem, sauberen Wasser gefüllt ist, das aus einem Gebirgsstrom kommt. Im See leben bunte lebhafte Fische, und er ergießt sich in das Meer des Lebens.

Wenn Sie vor dem pulsierenden Meer des Lebens stehen, fassen Sie unter Ihr Kleid und holen Sie einen Trinkbecher heraus, der dort genau über Ihrem Herzen versteckt ist – Ihr Becher. Halten Sie ihn in den Himmel hoch und rufen Sie physisch und mental laut die Worte: "Liebe! Liebe! Liebe!"

Wenn Sie den Himmel über sich beobachten, sehen Sie eine wunderschöne Liebesschwingung, die sich aus den vier Himmelsrichtungen ansammelt. Ein heller Lichtstrahl kommt aus Norden, ein weiterer von Süden, noch einer aus dem Osten und einer aus dem Westen. Sie treffen sich, verschmelzen miteinander und bilden einen fast blendend hellen Strahl aus weißem Licht. Dieser Strahl ist von der himmlischen Liebe engelhafter Wesen erfüllt und strahlt auf Sie herab. Er ergießt sich in Ihren Becher und füllt ihn, während er sich von Licht zu einem milchigen rosafarbenen Nektar verwandelt. Er fließt in Ihren Becher, bis er über den Rand läuft, auf Sie herabtropft und sie salbt.

Führen Sie den Becher nun an Ihre Lippen und trinken Sie den Nektar. Trinken Sie alles aus. Trinken Sie diese köstliche himmlische Liebe, die einen aprikosenartigen Geschmack hat. Spüren Sie, wie sie jeden Teil Ihres Körpers zum Glühen bringt und wärmt. Betrachten Sie Ihren Becher. Sehen Sie, wie er sich verändert hat. Betrachten Sie das Innere und das Äußere. Sehen Sie, wie er sich dadurch, daß er die himmlische Liebe enthielt, verwandelt hat. Stecken Sie Ihren Becher wieder unter Ihr Kleid und genießen Sie die Wärme in Ihrem Körper.

Dies ist Ihr erster Schritt zur Bewußtheit. Als nächstes spüren Sie, wie Sie zu schweben beginnen. Sie steigen höher und höher. Wenn Sie hochschauen, sehen Sie, wie eine große strahlende Wolke sich zu Ihnen herabsenkt. Sie ist weiß mit einer Spur von Gold. Sie steigen höher. Die Wolke kommt näher. Wenn Sie sie erreichen, klettern Sie auf sie und steigen noch höher.

Sie erheben sich über die Erde. Sie erheben sich über die Wolken. Sie steigen höher und höher. Sie schweben über die Erde, über die Sterne, über diese Dimension hinaus, bewegen sich durch viele Ebenen mit verschiedenen Farben, bis Sie die wunderbare Kristallstadt im Himmel erreichen.

Steigen Sie von der Wolke herab und sehen Sie vor sich einen Kristallfluß aus reinigendem, geweihten heiligen Wasser. Dieses Heilwasser reinigt sowohl innerlich als auch äußerlich. Es heilt alle Wunden, Verletzungen, Schmerzen, enthebt Sie von Reue und Lasten und läßt Sie rein zurück. Waschen Sie sich darin. Tauchen Sie Ihren ganzen Körper in das Wasser. Es hat die perfekte Temperatur, und es reicht Ihnen nur bis zum Herzen. Beobachten Sie, wie belastende und lästige Gewohnheiten, Süchte und Probleme davonfließen. Steigen Sie dann sauber und rein heraus und gehen Sie ans gegenüberliegende Ufer. Dies ist die zweite Stufe. Nun ist es an der Zeit, eine Entscheidung ohne Reue zu treffen. Wenn Sie ein Problem haben, das Sie gerne lösen möchten, oder eine Entscheidung fällen müssen, lassen Sie auch all dies auf dem Wasser treiben.

Wenn Sie am gegenüberliegenden Ufer stehen, sehen Sie, wie diese Dinge auf der Wasseroberfläche wogen. Nun stehen Sie diesen Problemen gegenüber, losgelöst und getrennt von ihnen. Sie haben die gefühlsmäßige Bindung zu ihnen durchtrennt. Betrachten Sie die Probleme und sagen Sie: "Im Namen Gottes, wenn es mein Wachstum fördert und zu meinem Besten ist, steigt auf! Im Namen Gottes, wenn es dies nicht ist, dann sollen sie von mir sinken!"

Steigt das Problem wieder auf, dann kehren Sie zum Wasser zurück, greifen es aus der Luft und drücken es an Ihr Herz. Es ist zu Ihrem Besten und dient Ihrem Wachstum. Sie können jedes Problem immer wieder auf dieselbe Weise testen, um zu sehen, ob Sie es weiter mit sich herumtragen müssen. Versinkt das Problem im Wasser, lassen Sie es los. Es ist nicht für Sie bestimmt, da Sie Ihre Entscheidung getroffen und den Test beendet haben.

Sie müssen sich nun vom Fluß abwenden und den grasigen Hügel vor Ihnen erklimmen. Während Sie auf den Gipfel zuklettern, programmieren Sie sich positiv. Seien Sie wahrhaft stolz auf Ihre Anstrengung in Richtung Selbstverbesserung. Schwören Sie, alle negativen, unerwünschten Gewohnheiten aufzugeben.

Nun auf dem Gipfel des Hügels, sehen Sie einen wunderbaren goldenen Kelch, der reich mit Juwelen verziert ist. Der große Kelch ist mit einer goldenen Substanz gefüllt. Es ist das Destillat der höchst möglichen Liebe – bedingungslose Liebe. Diese Liebe wird Sie verwandeln, denn Sie steht sogar noch über der himmlischen Liebe. Sie stammt direkt aus der Quelle von allem, was ist.

Sie sind von himmlischer, engelhafter Liebe erfüllt, Sie haben sich im Kristallfluß innerlich und äußerlich gereinigt. Sie haben mit göttlicher Hilfe jede notwendige Entscheidung getroffen. Trinken Sie nun aus dem goldenen Kelch von der Liebe des Schöpfers. Trinken Sie jeden Tropfen. Schwören Sie, von diesem Moment an selbst eine Quelle bedingungsloser Liebe zu sein.

Wann auch immer Sie mit irgendeinem Lebewesen zu tun haben, stellen Sie sich vor, daß Sie von dessen Liebe erfüllt sind und sie von Ihnen zu anderen Menschen, zu Tieren und Pflanzen strömt. Sie strömt durch Ihren Kopf ein, erfüllt sie ständig und wird stets erneuert.

Wenn Sie den Kelch ausgetrunken haben, setzen Sie ihn ab und schauen Sie in Richtung Horizont. Dort sehen Sie eine wunderbare Kristallstadt, und in deren Mitte die Turmspitzen eines goldenen Tempels. Sie eilen zu dem Tempel. Sie sind nun vorbereitet, in dessen Schwingungen einzutreten. Sie sehen ein riesiges Tor, elf Meter hoch und zwei Meter siebzig breit. Es ist offen. Treten Sie ein und entdecken sie die drei höchsten Schwingungen: Liebe, Weisheit und Erkenntnis.

Es erwartet Sie Ihr höheres Selbst, Ihr Schutzengel, Ihr spiritueller Führer und Meister. Sie erfahren Ihren wahren Lebenssinn auf der Erde. Sie werden sich an Ihre Mission erinnern. Wenn es Reinkarnations-Erinnerungen in

Verbindung mit Ihrem jetzigen Leben gibt, werden Sie dort davon erfahren.

Alles was Sie lernen, wird zu Ihrem Besten sein. Dies wird Sie auf Ihre Geburt in den Sternen vorbereiten. Dies ist Ihre Sternengeburt. Kehren Sie nun erfüllt und bereit zurück.

Anhang

Test für potentielle Sternenkinder

Viele Seelen haben in den letzten rund 100 Jahren aus bestimmten Gründen auf der Erde inkarniert. Es sind ältere Seelen. Viele von ihnen haben auf anderen Planeten und in anderen Sonnensystemen gelebt, um darauf vorbereitet zu werden, beim Neuen Zeitalter auf der Erde mitzuhelfen. Wir bezeichnen sie als Sternensaat oder Sternenkinder. Viele von Ihnen, die dieses Buch lesen, sind solche Seelen. Die meisten haben keine Ahnung, warum Geschichten über UFOs oder Wesen von anderen Planeten sie so faszinieren, denn es widerspricht dem, was sie gelernt haben oder glauben. Aber sie fahren fort, nach Antworten zu suchen.

Ich habe einen Fragebogen vorbereitet, der Ihnen helfen soll festzustellen, ob Sie zur Sternensaat gehören oder ein Sternenkind sind. Doch dies ist kein Test, der dazu verleiten soll, daß ein Individuum sich für besser als ein anderes hält, denn dies würde das Ego aufblasen oder ein Gefühl von Überlegenheit erzeugen, was ich nicht gutheiße. Es ist ein Test, der jedem einzelnen helfen soll, seine besondere Sensibilität für oder seine Hingezogenheit zu bestimmten Themen oder Dingen zu verstehen, die man auf der Reise von der Schöpfung zu diesem Moment in der Seele mitgebracht hat, aus Erfahrungen in vergangenen Inkarnationen in diesem riesigen Universum und anderen. Denn die meisten von uns sind tatsächlich Sternenkinder, die über Tausende von Lebenszyklen hinweg anderswo existiert haben.

Der Test soll nur dazu dienen, Ihnen die universalen Verbindungen bewußt zu machen, die wir alle haben, Ihr Bewußtsein für die unbeschränkten Möglichkeiten zu öffnen, die Sie als Seele erlebt haben, und Ihnen die Fähigkeit verleihen, Ihren vom Schicksal vorgezeichneten Weg zu finden.

Es ist wichtig, Teilnehmer statt Beobachteter zu werden. Testen Sie dies selbst und suchen Sie nach Antworten, die Sie leiten und vielleicht mit verlorenen Gefühlen und Erinnerungen wiederverbinden. Denn es gibt nur wenige Seelen, die zum ersten Mal hier sind; und Sie, die Sie ausreichend bewußt sind, sich für ein Buch wie dieses oder ähnliches Material zu interessieren, um das Bewußtsein zu erhöhen und das Wissen und die Wahrheit der Existenz Ihres göttlichen Selbst außerhalb dieser einzelnen Lebensexistenz zu verstärken, sind nicht zum ersten Mal hier und sind tatsächlich keine neue Seele. Sie sind diejenigen, die den weiter fortgeschrittenen Seelen den Weg bereiten, damit sie ihren richtigen Platz einnehmen können, um die jüngeren Seelen zu leiten und sicherzustellen, daß ihnen dieses Wissen zur Verfügung steht und daß diese Erde für die dringend nötigen Erfahrungen, die hier gemacht werden können, weiterbesteht.

Wir alle sind Sternenkinder, Bürger mehr als eines Universums und Teil eines nie endenden, mächtigen Wesens. Der einzige Unterschied zwischen Ihnen und jüngeren Seelen ist der, daß Sie wissen, woher Sie gekommen sind und wohin Sie gehen, und nicht mehr suchen. Wir sind alle Schöpfer unseres eigenen Seins.

Nun, das Musterprofil der Sternenmenschen enthält die folgenden Elemente. Prüfen Sie, welche auf Sie zutreffen:

1. Ungewöhnliche Blutgruppe   ja ○   nein ○
2. Niedrige Körpertemperatur   ja ○   nein ○
3. Niedriger Blutdruck   ja ○   nein ○
4. Zusätzliche oder Zwischen-Wirbel
   im Rückgrat   ja ○   nein ○
5. Bereiche, in denen Sie hyperempfindlich sind:
   Schmerz   ja ○   nein ○
   Licht   ja ○   nein ○
   Berührung   ja ○   nein ○
   Geruch   ja ○   nein ○
   Gehör   ja ○   nein ○
   Geschmack   ja ○   nein ○
   Gefühl   ja ○   nein ○
6. Brauchen Sie viel   ja ○   nein ○
   oder wenig Schlaf ?   ja ○   nein ○
7. Waren Sie ein Lieblingskind   ja ○   nein ○
   ein ungeliebtes Kind   ja ○   nein ○
   ein ungewolltes Kind?   ja ○   nein ○
8. Leiden Sie an chronischer
   Nasennebenhöhlenentzündung?   ja ○   nein ○
9. Leiden Sie an geschwollenen und
   schmerzhaften Gelenken?   ja ○   nein ○
   Kopfschmerzen, die bei
   Feuchtigkeit auftreten ?   ja ○   nein ○
   starken Nackenschmerzen?   ja ○   nein ○
10. Hatten Sie das Gefühl, Ihr Vater
    und Ihre Mutter wären nicht
    Ihre wahren Eltern?   ja ○   nein ○

Hatten Sie oft das Gefühl, Ihre wahren
Vorfahren kämen aus einer
anderen Welt?   ja ○ nein ○
Haben Sie sich oft nach einem
Ort gesehnt, den Sie für Ihr
wahres Zuhause hielten?   ja ○ nein ○

11. Verspüren Sie ein Gefühl großer Dring-
    lichkeit insofern, daß Sie spüren, nur
    wenig Zeit zu haben, um wichtige,
    wenn oft auch nicht klar erkannte
    Ziele zu erreichen?   ja ○ nein ○

12. Hatten Sie als Kind unsichtbare
    Freunde?   ja ○ nein ○

13. Hören Sie oft ein hohes Pfeifen, ein
    Klicken oder Summgeräusche vor oder
    während eines übersinnlichen
    Ereignisses?   ja ○ nein ○

14. Prüfen Sie, was auf Sie zutrifft:
    Ich kann körperliche Arbeiten
    am besten tagsüber tun und geistige
    Arbeiten am besten nachts.   ja ○ nein ○
    Ich kann körperliche Arbeit am
    besten nachts tun und geistige
    Arbeit tagsüber.   ja ○ nein ○

15. Haben Sie ungewöhnliche Talente auf
    folgenden Gebieten:
    Kunst   ja ○ nein ○
    Musik   ja ○ nein ○
    Mathematik   ja ○ nein ○
    Heilen   ja ○ nein ○
    Schauspielerei   ja ○ nein ○
    Erfindungen   ja ○ nein ○

131

16. Hat man Ihnen je gesagt, Sie hätten
ungewöhnlicheoder unwidersteh-
liche Augen?   ja ○   nein ○

17. Prüfen Sie, zu welchen der folgenden
Dinge Sie sich übermäßig hingezogen
fühlen:
Weidenbäume   ja ○   nein ○
Kolibris   ja ○   nein ○
Adler   ja ○   nein ○
Steine   ja ○   nein ○
Sterne   ja ○   nein ○
Flieder   ja ○   nein ○
natürliche Kristalle   ja ○   nein ○
Pilze   ja ○   nein ○
Dunkelheit   ja ○   nein ○
Gewitter   ja ○   nein ○
Natur   ja ○   nein ○
der Name Leah oder Leia   ja ○   nein ○

18. Fühlen Sie sich irgendwie zum
Planeten Venus hingezogen?   ja ○   nein ○

19. Ist es richtig, daß Sie ein "Empath"
zu werden scheinen, da Sie die Probleme, Gefühle und Schmerzen der
Wesen in Ihrem Umfeld mitfühlen?   ja ○   nein ○

20. Sehen Sie häufig ein helles Licht,
selbst wenn Ihre Augen geschlossen
sind?   ja ○   nein ○

21. Haben Sie von Ihrem inneren Führer
die Botschaft erhalten,
"Die Zeit ist jetzt da"?   ja ○   nein ○

22. Fühlen Sie sich zum Stern Sirius   ja ○   nein ○
zum Sternbild Drache   ja ○   nein ○
oder zu anderen Sternen hingezogen
(geben Sie an, zu welchen)? ....

23. Glauben Sie an Reinkarnation?   ja ○   nein ○
Wenn Sie das Gefühl haben, sich an
ein oder mehrere vergangene Leben
zu erinnern, geben Sie an, in
welchen Ländern und zu welcher
Zeit dies war: ....

24. Wenn Sie ein Haustier haben, geben
Sie an, was für eines und welche
Rasse es ist: ....

25. Nennen Sie Ihre
Lieblings-Musik ....
          -Bücher ....
          -Filme ....
          -Fernsehsendungen ....
und was Sie am meisten zum Lachen bringt:
....

26. Welche Einstellung haben Sie zum Tod?
....

27. Haben Sie schon einmal
halluzinogene oder psychotrope
Drogen genommen?   ja ○   nein ○

28. Beschreiben Sie kurz, welches
Ereignis Ihnen im Alter von etwa
fünf Jahren widerfuhr. Erzählen Sie,
wen oder was Sie gesehen haben.
Schreiben Sie die Botschaft auf, falls
eine mitgeteilt wurde: ....
....

29. Beschreiben Sie kurz das Ereignis, das Ihnen im Alter von etwa elf Jahren widerfuhr und das Ihre Art zu leben oder Ihre Einstellungen veränderte:
....
....

30. Wenn Sie immer noch in Kontakt mit irgendwelchen Wesen oder Wesenheiten stehen, wie wird der Kontakt hergestellt?
....

31. Wie sehen Ihre Wesenheiten aus?
....
....

32. Was für Botschaften erhalten Sie von Ihnen?
....

33. Wann glauben Sie, werden die folgenden Ereignisse stattfinden?
    Polsprung ....
    weltweite Hungersnot ....
    der Dritte Weltkrieg ....
    Harmageddon ....
    weltweite UFO-Kontakte ....
    das Neue Zeitalter ....
    die ersten Erdveränderungen ....

Ob Sie die Fragen nun im Kopf beantwortet oder Sie sich die Mühe gemacht haben, die Antworten auf einem separaten Blatt Papier aufzuschreiben, es wird Sie sicher interessieren, was sie bedeuten:

Wenn Sie das Gefühl hatten, daß alle Fragen direkt auf Sie zutrafen, sind Sie in der Tat ein Sternenkind. Wenn nur die Hälfte der Fragen auf Sie zutraf, dann sind Sie ein Sternenhelfer. Wenn nur ein Drittel zutraf, sind Sie of-

fenbar von unserer Arbeit fasziniert, möchten das Bewußtsein verändern und mithelfen, das Wissen zu erweitern.
Sternenkinder reagieren höchst empfindlich auf Licht,
Berührung und Gefühl. Die Hälfte von ihnen braucht viel,
die andere Hälfte wenig Schlaf. Nur einige der Sternenkinder haben das Gefühl, Lieblingskinder gewesen zu sein,
die meisten glauben, daß Vater und Mutter nicht ihre
wahren Eltern sind. Viele werden von chronischer Nasennebenhöhlenentzündung geplagt. Manche leiden an geschwollenen und schmerzenden Gelenken und/oder haben Nackenschmerzen, und viele werden gesundheitlich
durch hohe Luftfeuchtigkeit beeinträchtigt. Fast alle behaupten, sie hätten sich nach einem Ort gesehnt, den sie
für ihre wahre Heimat hielten. Viele verspüren ein Gefühl großer Dringlichkeit und stellen sich vor, gegen irgendeinen kosmischen Zeitplan zu arbeiten, um wichtige Ziele zu erreichen. Mehr als zwei Drittel von ihnen
hören bei übersinnlichen Ereignissen ein Pfeifen, Summen oder Klicken.

Zum überwiegenden Teil sind Sternenkinder Nacht-
menschen. Die meisten geben an, daß sie ihre wichtigen
geistigen Tätigkeiten am liebsten nach Sonnenuntergang
verrichten. Die meisten haben außerdem ausgeprägte Fähigkeiten in den Bereichen Musik, Mathematik, Heilen,
Schauspielkunst oder Erfindungen.

Viele von ihnen haben unwiderstehliche oder ungewöhnliche Augen und halten sich selbst für Empathen.
Ihre Affinität zu Adlern, Kristallen, Steinen, Weidenbäu-
men, Sternen und Gewitter ist symbolisch und repräsentiert Erinnerungen an Freiheit, flexible Beziehungen und
ein tiefes Verständnis ihrer selbst in Beziehung zur Natur
und zu allen Dingen.

Der Name Leah oder Leia taucht immer wieder auf und hat für die Hälfte der Sternenkinder Bedeutung. Es ist ein spiritueller Name aus Atlantis und bedeutet "ewiger Kreislauf". Die meisten Sternenkinder sehen häufig helle Lichter, wenn ihre Augen geschlossen sind. Am stärksten spricht sie die Sternenkonstellation Sirius an.

Nicht alle Sternenkinder behaupten, sich an bestimmte frühere Leben zu erinnern, doch alle von ihnen glauben an die Wiedergeburt. Die meisten Reinkarnations-Erinnerungen beziehen sich auf Ägypten, dann England oder das Frankreich der französischen Revolution, ferner auf Israel. Alle Sternenkinder lieben Haustiere. Klassische Musik ist bei ihnen am beliebtesten. Mehr als die Hälfte von ihnen bevorzugen metaphysische Bücher und an zweiter Stelle Science-fiction-Geschichten. Entsprechend bevorzugen sie Science-fiction-Filme, einige mögen auch Komödien. Ihr Sinn für Humor tendiert zur Satire. Im Fernsehen sehen sie am liebsten Dokumentationen, Talk-Shows und Science-fiction-Filme.

Eine erstaunliche Anzahl Sternenkinder hat den höchst beliebten halluzinogenen Drogen widerstanden. Die meisten haben nie irgendwelche Drogen genommen. Ebenfalls die meisten hatten im Alter von fünf Jahren eine lebhafte Vision, und manche erlitten um das Alter von elf Jahren herum ein traumatisches Erlebnis. Die überwiegende Mehrzahl von ihnen hat einen zumindest sporadischen Kontakt zu einem Geistwesen aufrechterhalten und hat zu verschiedenen Zeiten im Leben Botschaften und Visionen empfangen. Nicht alle Sternenkinder fühlen sich mit der Gabe der Prophetie begnadet.

Die meisten fortgeschrittenen Seelen glauben, daß die Veränderungen der Natur weniger gewaltsam sein werden und stellen sich Harmageddon nicht als einen wirklichen Krieg, sondern als ein Konzept des stets wütenden Kampfes zwischen dem Guten und dem Bösen vor.

Der Unterschied zwischen denen, die den Sternensamen in sich tragen, und denen, die ihn nicht haben, ist der, daß die Sternenmenschen wissen, daß sie Bürger mehr als eines Universums sind, daß sie in mehr als einer Seinsebene zu Hause sind, daß ihr Wesen mehr als eindimensional ist.

Wenn Sie sich für Seminare mit Omnec Onec interessieren, wenden Sie sich bitte schriftlich an den Omega-Verlag. Wir leiten Ihr Schreiben dann an die jeweiligen Seminarveranstalter weiter, die Sie informieren, sobald eine neue Tournee mit Omnec geplant ist.

Weitere Bücher aus dem Omega-Verlag

Joseph McMoneagle

MIND TREK

Autobiographie eines PSI-Agenten

2. Auflage, 328 S., gebunden,
DM 39,80 - ÖS 290,00 - SFr 37,00
ISBN 3-930243-11-3

Der Autor war einer der ersten, die ab 1978 zum PSI-Agenten für U.S.-amerikanische Geheimdienste ausgebildet wurden. Innerhalb eines ursprünglich streng geheimen Militärprojekts wurde dabei eine Form der gezielten außersinnlichen Fernwahrnehmung entwickelt, die als „Remote Viewing" bezeichnet wird. Erstmals gibt McMoneagle in diesem Buch sein Wissen und seine Erfahrungen als Remote Viewer weiter und berichtet von seiner PSI-Ausbildung, von seinem Nahtoderlebnis in Deutschland, von seinen außerkörperlichen Erfahrungen am Monroe-Institut u.v.m. Mit einer Vielzahl von Übungen wird der Leser in die Lage versetzt, seine außersinnliche Wahrnehmungsfähigkeit selbst zu trainieren. Der Autor kommt außerdem zu interessanten Schlußfolgerungen über das Phänomen PSI sowie über Bewußtsein, Raum und Zeit.

Zu beziehen in jeder guten Buchhandlung
oder bequem und schnell direkt bei uns:

Omega®-Verlag

bis 31.12.2000:

Krefelder Str. 81 • D-40549 Düsseldorf
Tel.: 0211-50 02 04 • fax 0211-50 40 30

ab 01.01.2001:

Karlstr. 32 • D-52080 Aachen
Tel. u. fax unter 0211-50 02 04 erfragen
(Anrufbeantworter)

e-mail: omegate@compuserve com
www.omega-verlag.de

Fordern Sie auch unser kostenloses Verlagsverzeichnis an!